図解&事例で学ぶ

# 「売れる」営業の教科書

花田 敬 監修
チーム★売上アップ研究会 著

マイナビ

# はじめに

本書ははじめて営業職となった人、これから営業をはじめる人のための入門書として、基本中の基本からわかりやすく身につけていただくように構成されています。営業活動はビジネスの根幹です。しかもＩＴ技術の発達と浸透によって、営業の方法は大きく変わっています。それを知らずに営業するのと、上手に活用する営業とでは成果も大きく違ってきます。

ところが営業職になる前、ビジネスをはじめる前にしっかりと営業を学ぶ機会のない人がほとんどです。いま私は大学生に営業を教えているのですが、社会に出る前に営業についてしっかり学んでおくと一生役に立つのに、と思っています。

そこで、本書はこれから営業力を身につけたい人のために、一般常識も含めて、最新の営業手法までをお伝えできるように構成しています。

商品やサービスによって売り方は違うと思われるかもしれませんが、営業の基本部分はみな同じです。この基本を身につければもっと楽しく商品やサービスに適した営業ができるようになり、その技術はみなさんの一生の宝となります。

私はどう営業すればいいか悩みながら身につけ、それを発展させながら今日まで来たのですが、これから営業をはじめるみなさんには、同じ苦労はしてほしくありません。

営業は「向き不向き」で売れるのではなく、営業の方法をきちんと学び実践することで売れるようになります。本書で、いまみなさんが漠然と抱いている不安を取り除いてください。そして営業として心を砕くべきところはどこか。実行すべきことはなにか。そしてどのような心構えで営業をすれば成果に結びつくかを知り、ご自身のスキルにしていただきたいと思います。

本書の構成はこのようになっています。

第1章　売るための営業とはどういうものか
第2章　売るための基本の基本を身につける
第3章　営業のきっかけをつくるアポイント&アプローチ
第4章　顧客の要望を満足させるヒアリング&プランニング
第5章　顧客満足につなぐプレゼンテーション&クロージング
第6章　営業活動をスムーズにするためにやるべきこと

第7章　営業活動に存分に活かすＩＴ
第8章　営業活動をマーケティングに進化させる

第1章と第2章は名刺交換の方法も含めて基本中の基本です。第3章から第5章は、大切な営業のステップ（セールスプロセス）に沿って、いかに興味を持ってもらい契約につなげるかを学んでください。第6章では、上司との関係を含め味方を増やす方法。第7章ではＳＮＳやスマホなどを上手に使って営業を加速させる方法を身につけてください

営業に終わりはありません。日々、進化していきます。第8章では営業手法をより高度にしていくための最新の手法について触れています。徐々に、このような営業へと進んでいただきたいと思います。

より多くのみなさんが、本書を十分に活用して成果を上げていただくことが私の願いです。「営業はおもしろい」と感じていただければ、みなさんも自分の未来を描けるでしょう。本書を通して、将来の変化にも対応できるだけの営業の基礎力を身につけていただくきっかけとなれば幸いです。

花田　敬

# 目次

## 第2章 売るための基本の基本を身につける

## 第3章 営業のきっかけをつくるアポイント&アプローチ……77

## 第4章 顧客の要望を満足させるヒアリング&プランニング……123

## 第8章 営業活動をマーケティングに進化させる

編集協力／安達正志・田中大次郎

# 第1章

# 売るための営業とはどういうものか

# 1-01

# 営業は単なるモノの売りではない

## マーケティングの要素を取り入れて問題解決を図る

### ▼気合いと根性で営業はできない

学生に営業マンの仕事とは何ですかと聞くと、だいたい次のような答えが返ってきます。まずはモノを売ることだといいます。そしてそのイメージは、得意先を相手にぺこぺこしている人だったり、家に強引に入り込んで居座ってしまう人などになります。マンガやドラマを見ての影響もあるでしょうが、こんなのは本当の営業マンの姿ではありません。

「営業」は、英語でいうと「マーケティング＆セールス」に相当します。すなわち日本語の営業という言葉はマーケティングとセールスまたはセリングを合体させた表現と考えられます。私の考えでは、マーケティングで重要なのが集客、セリングで重要なのはセールスプロセス（後述）です。集客をして（マーケティング）、顧客に課題を教えて（ニーズを顕在化させ）、顧客の問題を解決する（セリング）活動です。

**優秀な営業マンは、営業にマーケティングの要素を取り入れて活動しています。**気合いと根性で売るといったセールスは、遠い過去の話で、営業の一面しか表していません。

# 今、求められる営業の仕事

**営業とはマーケティング&セールスのこと。**
**気合いと根性ではものは売れない**

セールス（セリング）
営業マン
マーケティング

## 優秀な営業マンは

①集客をして　②顧客に課題を教えて　③顧客の問題を解決する

名刺交換から始まる
こういうことにお困りではないですか
フムフム、確かに
コレでしょう
!
そうです

# 1-02

## 教わらないと売れるものも売れない

### 名刺交換から始まる基礎知識を身につけさせる

### ▼泳げない人をプールに放り込んでもダメ

新人がこれといった教育も受けないでいきなり営業に行かされて、どうしていいかわからず途方に暮れてしまうという話をよく聞きます。中小企業だけでなく大企業でもけっこうあります。これなどは、例えていえば、泳げるかどうかわからない人たちをプールに放り込んで端から端まで泳いできなさいと言っているようなものです。

そんなことをすれば多くの人が脱落してしまいます。そういう人たちに対して、気合いと根性が不足しているといっても何の解決にもなりません。まったく泳げない人には、まず水の中での浮き方、手と足の動かし方などを習得させ、泳げるように指導する必要があります。**営業でこれに相当するのが、名刺交換から始まる基礎訓練であり、後述する販売の各段階で行なうセールスプロセスでやるべきことの教育になるのだと思います。**

器用な人で、教わらなくてもできてしまう人もいるでしょう。だけど基礎を身につけておけば、さらに応用も利きますし発展させていけます。

## きちんと教えなければ人は育たない

### 新人に教育もせずに営業をやれといってもムリ!

### 泳がせるには泳ぎ方を教えることから始める

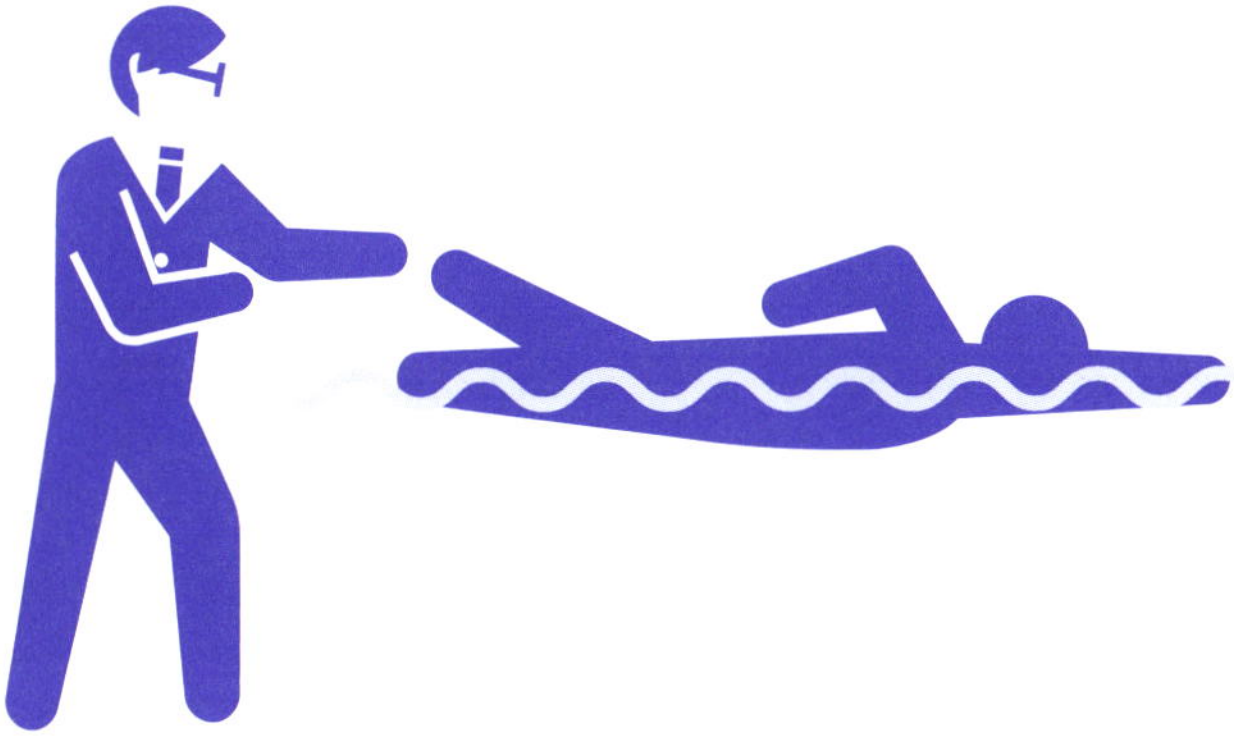

# 1-03 飛び込み営業には限界があることを知ろう

## 情報提供型コンサルティング営業が主流に

### ▼成約率×訪問件数には限界がくる

営業現場がメーカー主導型から消費者主導型に変わったいま、ただ顧客に会いに行って「これ、いかがですか」とやみくもに売り込んでいても、大した成果は得られないでしょう。これからの営業は、たとえB to C（企業から消費者へ）であっても、きちんとアポイントを取り、ニーズを聞いて（ヒアリング）、解決策をプランニングしていくといった情報提供型のコンサルティング営業が主流になります。

現在でも飛び込み営業がまったく成り立たないとは言いません。**価格が比較的安く、その場で決済できて、地域的に見てそういった訪問スタイルがふさわしければ成り立つでしょう。**しかしそれでも限界はあります。だいたい人は1日に何軒回れるでしょうか。

私もかつて飛び込み営業をした経験があるからわかりますが、1週間に2件の成約を得るためには、売れる確率が5％とすれば、40軒の訪問がいることになります。倍の週4件の成約を得るには80軒。もう物理的に無理がありますね。これが飛び込み営業の限界です。

## 飛び込み営業には限界がある

### ●消費者主導型の営業マンは

アポイントを取り → ニーズを聞いて → 解決策をプランニング

という情報提供型のコンサルティング営業が主流

### ●飛び込み営業だと成約率5%で——

週に成約1件なら20軒訪問……余裕

週に成約2件なら40軒訪問……なんとかセーフ

週に成約4件なら80軒訪問……

う〜ん。
これだと1日16軒!
やっぱりムリだ。
日が暮れてしまう

## 1-04

# 情報を提供し信頼関係を築こう

## 顧客が求めているのは有益な情報だ

### ▼電話では信頼関係は築けない

訪問数に限界があるなら電話をかければいい、という人がいるかもしれません。ですが営業にとって重要な要素が欠けてしまいます。**それは情報提供と信頼関係です。**

みなさんは、会ったこともない人から、電話で断片的な情報を得た程度で「よし、この人からぜひ買おう」という気持ちになるでしょうか。

成熟化した社会の今では、ある程度のものはみな所有しています。そういう環境で、持っているものがバージョンアップされてグレードが上がった、新機能が付加されたというのなら考えてみたいと、話だけは聞いてくれるかもしれません。ただし、そうであっても即断で買うまでには至らないでしょう。まず、どこがどう違うのかをじっくり知りたいと思うはずです。だからこそ、営業マンは真っ先に顧客の元へ情報を提供しに行かないとならないのです。顧客はその情報を得て判断するのです。同時にそういう活動で信頼関係を築いていけば、顧客はあなたから買う気になるのです。

## 顧客と信頼関係を築くには

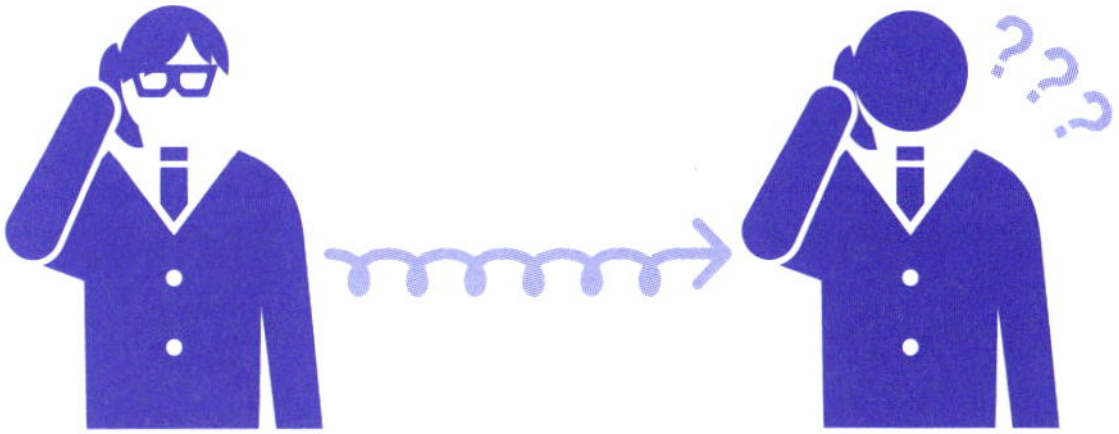

・電話だけでは顧客との信頼関係は築けない
・会ったこともない人から買おうという気にはならない

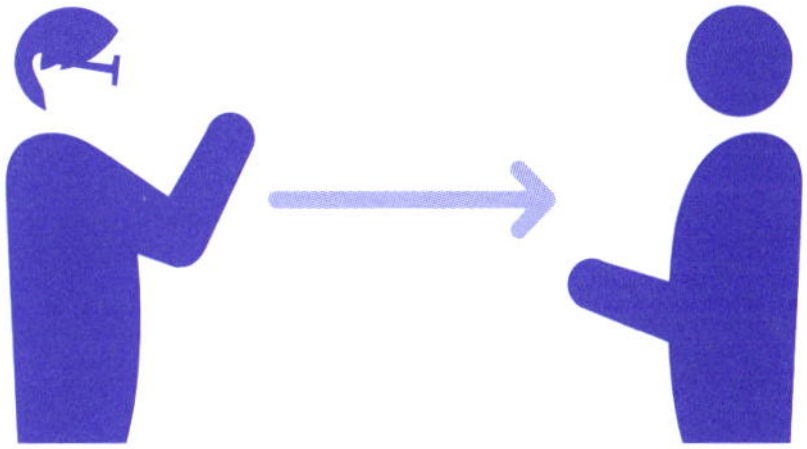

・新しい機能のついた新商品が出ましたので……
・詳しい話をじっくり聞きたい、聞かせたい

・信頼関係が買う気を起こさせる

# 1-05

# セールスにはプロセスが必要なことを知ろう

## 「売る」より先に「情報を提供する」

### ▼信頼関係を築くことが前提条件になる

情報提供すると同時に、実際に会ってみないと、顧客との「信頼関係」が築けません。信頼関係がないと、よく知っている人から買うでしょう。よくある失敗は、久しぶりに連絡を入れてみたら「よそと契約していた」というケースです。これは、情報提供がうまくいかず、信頼関係が築けていなかったのです。そうならないためにも、顧客に頻繁に会い情報提供をすることが大切です。**営業は売りに行くのではなく「情報を提供する」ことが第一歩です。**

ここで、後に詳述する**「セールスプロセス」**について簡単に触れておきましょう。

情報を提供して、潜在客が見込み客になると、**アポイント→アプローチ→ヒアリング→プランニング→プレゼンテーション→クロージング（契約）**へと段階を追って進みます。よくある失敗例は、まだアプローチ段階なのに売り込んでしまう、ヒアリングをせずにプレゼンしてしまうなどです。よく顧客のニーズを聞き（ヒアリング）、しっかりとした提案（プランニング）を考えることが大切です。

## セールスにはプロセスが必要

### ●よくある失敗

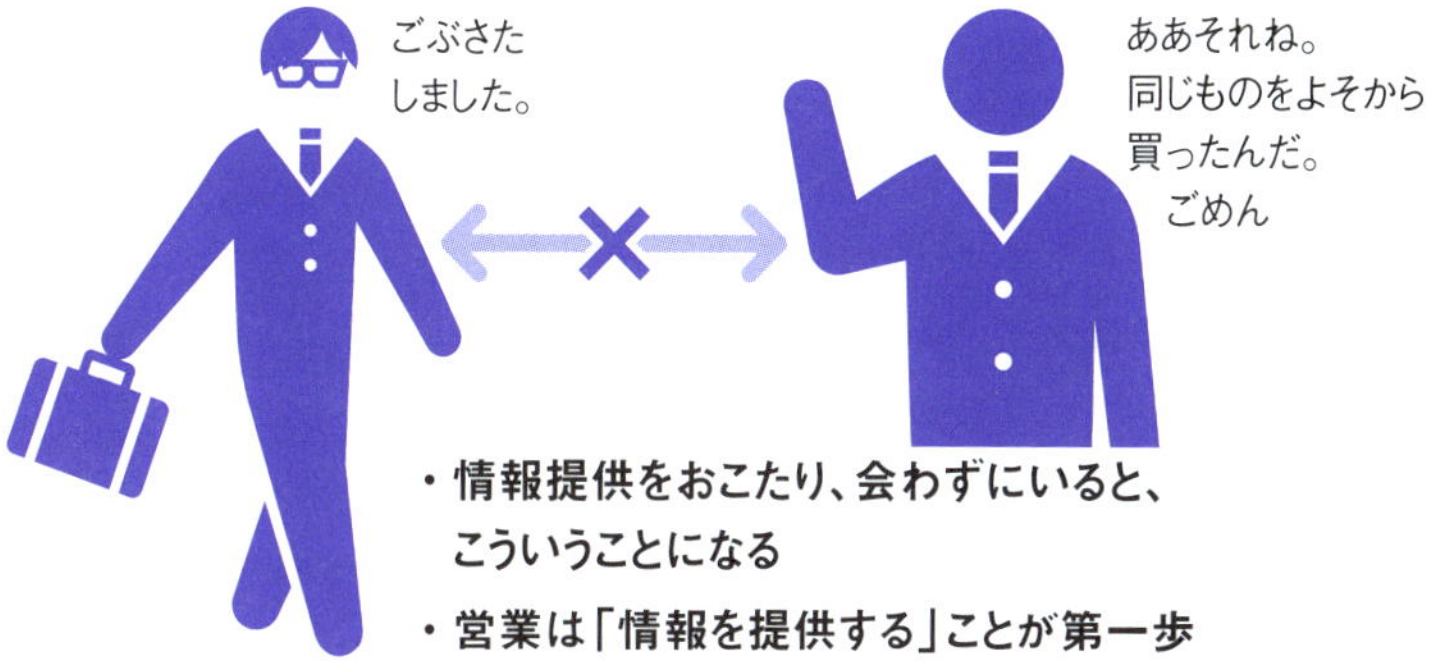


・情報提供をおこたり、会わずにいると、
こういうことになる

・営業は「情報を提供する」ことが第一歩

### ●セールスプロセスとは？

アポイント
↓
アプローチ
↓
ヒアリング
↓
プランニング
↓
プレゼンテーション
↓
クロージング（契約）

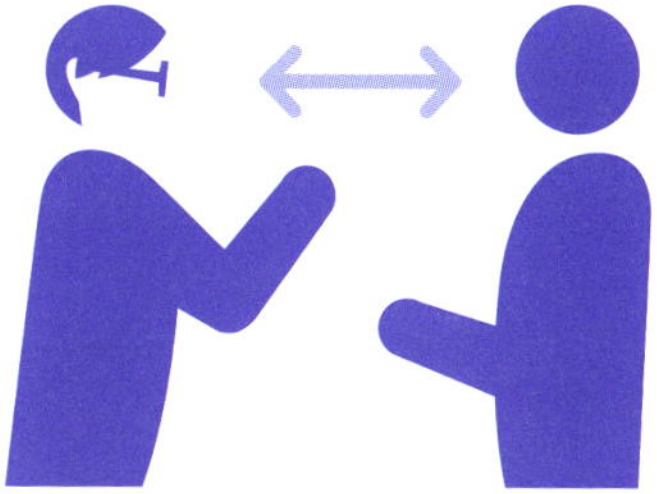

・アプローチ段階で
売り込んではいけない

・ヒアリングせずにプレゼン
テーションしてはいけない

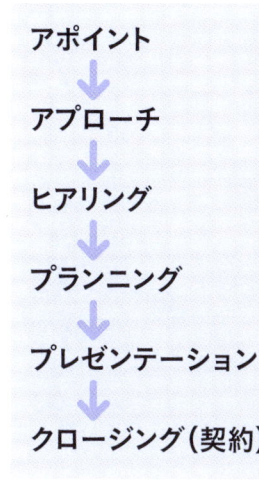

# 1-06

# 優秀な営業マンはキーパーソンを作る

## 顧客は4種類に分類できる

### ▼休んでいても成果を上げる方法

情報を提供する先は顧客ですが、顧客には実は4種類あります。

**①潜在客　②見込み客　③契約者　④キーパーソンです。**

潜在客を底辺にしてできる三角形のすべての顧客に対して、営業は情報を提供するのです。まず「潜在客」とは、今まで出会った人のすべてです。パーティなどで名刺を交換しただけの人も含みます。新人なら人脈はほとんどありません。しかし、何年も仕事をしていれば、人脈は膨らんでいきます。その人々をリスト化し、情報を発信し続ける。方法はいろいろありますが、今の時代ならネットが便利です。そうして、情報に反応してくれた人が「見込み客」です。見込み客にアポを取り、セールスプロセスを経て成約に至れば「契約者」。さらに、他の見込み客を紹介してくれる人が「キーパーソン」です。

**優秀な営業マンは、キーパーソンを多く持っています。**自分が休んでいる間にキーパーソンがあちこちに宣伝してくれて、成果につながることもあります。

## 顧客は段階的に4種類に分けられる

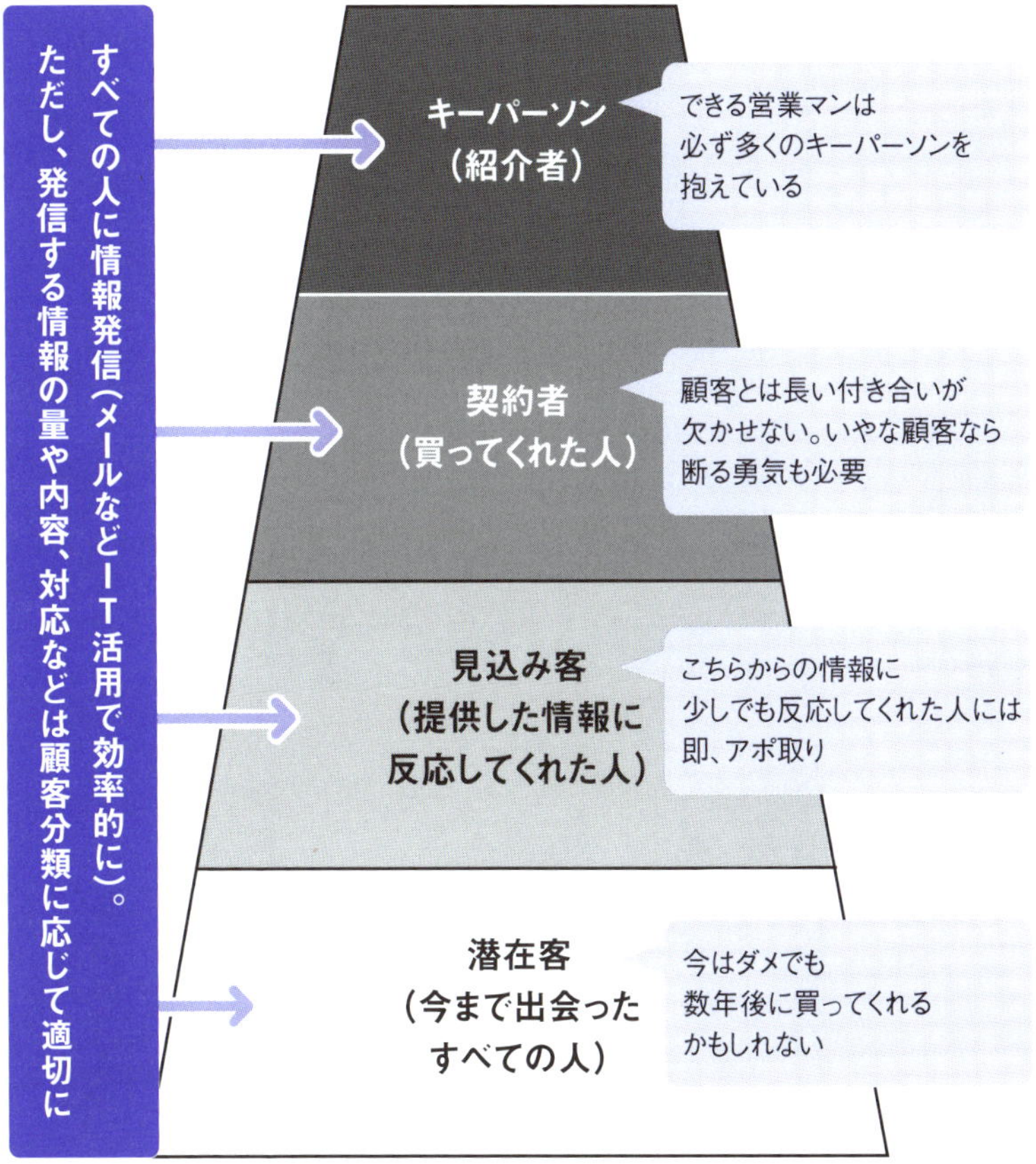
すべての人に情報発信(メールなどIT活用で効率的に)。
ただし、発信する情報の量や内容、対応などは顧客分類に応じて適切に
キーパーソン
(紹介者)
できる営業マンは
必ず多くのキーパーソンを
抱えている
契約者
(買ってくれた人)
顧客とは長い付き合いが
欠かせない。いやな顧客なら
断る勇気も必要
見込み客
(提供した情報に
反応してくれた人)
こちらからの情報に
少しでも反応してくれた人には
即、アポ取り
潜在客
(今まで出会った
すべての人)
今はダメでも
数年後に買ってくれる
かもしれない

●優秀な営業マンは顧客を潜在客から
キーパーソンまで育てる

# 1-07 ターゲットのいるところを訪問しよう

## 集客が重要ということに気づく

### ▼私は自動車教習所の顧客をこうやって集めた

飛び込み営業で見込み客を探すのには限界があるといいました。なぜなら、潜在客以前の人々に向かって、やみくもにアタックしている「闇夜に鉄砲」だからです。

とはいえ、私にもそんなときがありました。最初に就職した会社で、自動車教習所を開校することになり、私は新規部門で一から顧客獲得に乗り出しました。地図を片手に近隣の家を1軒1軒訪問することから始めました。しかし、平日の昼間に家にいるのは、主婦やお年寄りばかり。車の免許は必要なかったり、すでに持っていて、息子は都会の大学へ行っており不在。潜在客すら見つかりません。

そんなあるとき、そもそも免許を取得したいのは、高校卒業前の就職を控えた生徒が多い、と気づいたのです。初めから、そういう生徒＝ターゲットが多くいるところへ行ったほうがいいのでは、と考えたのです。そこで思い至ったのが、卒業後、就職する生徒の多い高校へのアプローチです。**これが「集客」が重要という発想**につながります。

## 集客をまず考える

●自動車教習所の顧客獲得に訪問販売

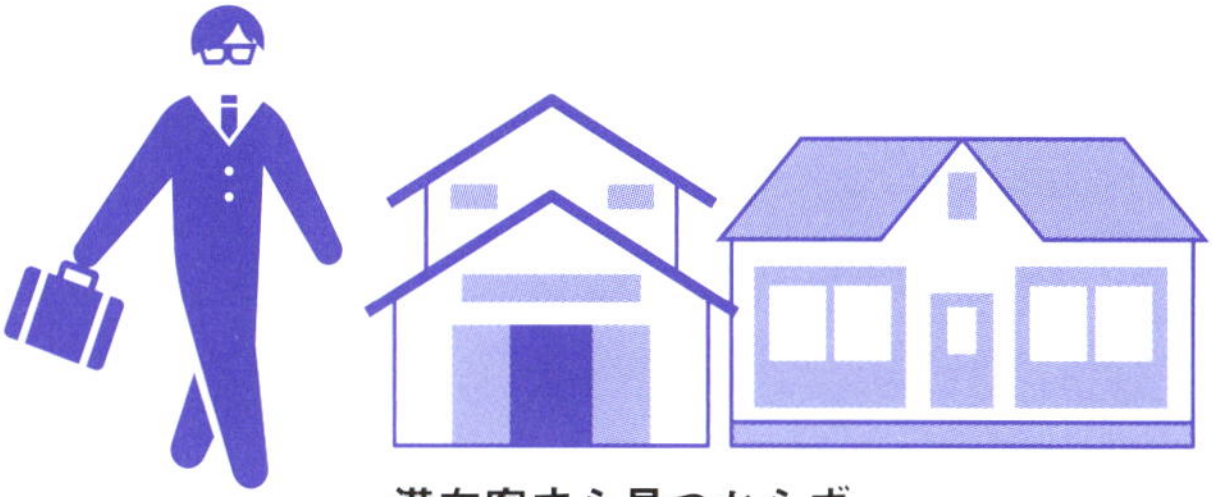

潜在客すら見つからず

●高卒前の生徒をターゲットにすることに気づく

●就職を控えた生徒の多い高校へアプローチ

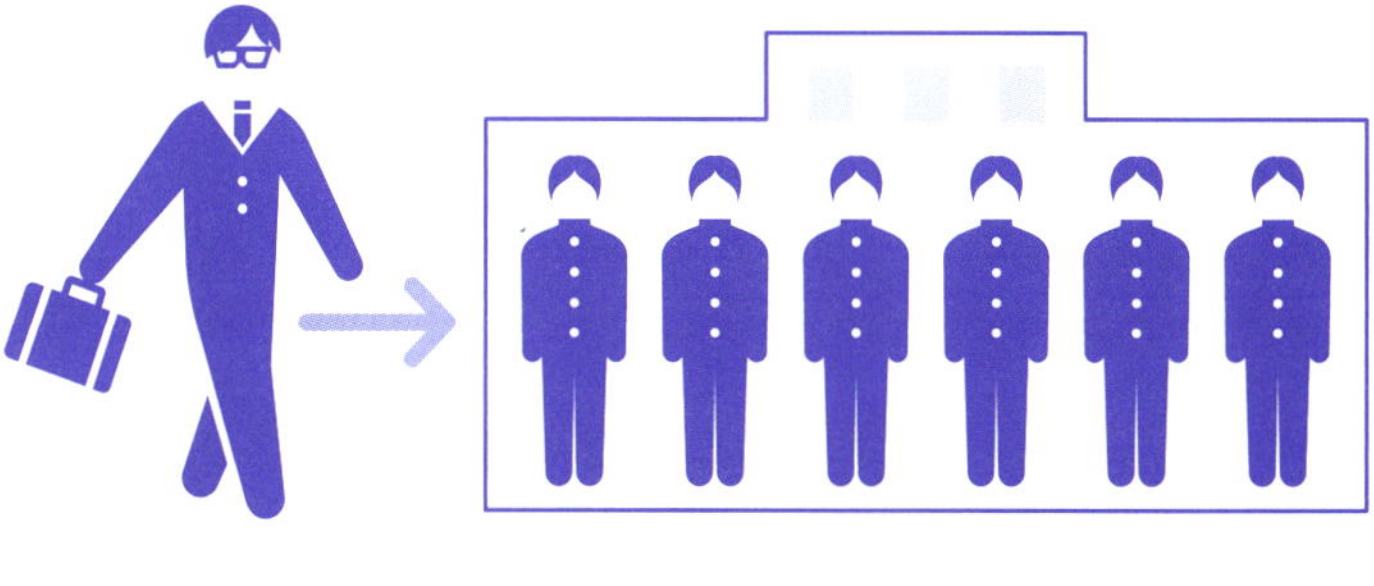

●顧客はどこにいるのか？ を考えることから始まる

# 1-08

# 紹介営業で見込み客を増やそう

## 売り込みより情報提供が先

### ▼横展開し、さらに紹介で見込み客を増大させる

そこで私は、高校の就職担当の先生に相談に行き、**「運転免許相談会」**を開くことを提案しました。学校に出向き、授業の空き時間に、先生と生徒の相談に乗るという方法です。先に、営業は「売り込むのではなく情報提供が先」と言いました。あくまで就職という進路があって、運転免許も取りたいと思っている生徒に「こうしたらいいのでは」「講習メニューはこうで、料金もこんな払い方があるよ」という情報を提供するのです。先生も進路指導の一環で協力してくれます。チラシを用意しておいて個別に相談したいときは後で連絡できるようにしておきます。こうした活動で、**見込み客のリストができ上がってきました。**

さらに、別の学校へ横展開していき、見込み客も増大しました。同じ相談会を他校で行ない、自動車教習所に来た生徒の兄弟や知り合いを紹介してもらい、顧客は一挙に増えました。紹介する人が兄弟や先輩だと、信頼度が高いのです。結果、社長賞をもらうとともに、今、私が実践している「セミナー営業」の原点になりました。

## 売り込みより情報提供が先

### ●「運転免許相談会」を開く

### ●パンフレットやチラシを用意して個別の相談に乗る

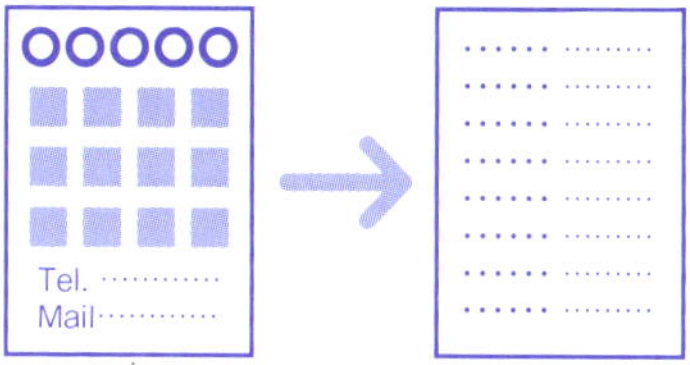


チラシが → 見込み客リストになる

### ●横展開して見込み客増大→セミナー営業へ

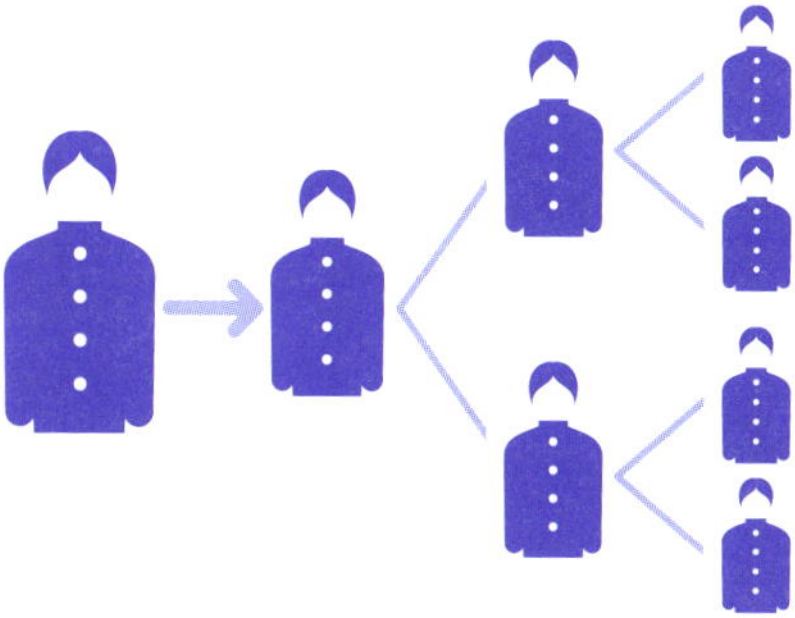

# 1-09

# 販売よりも集客が大事と知ろう

## 集客で潜在客を増やす

### ▼名刺交換から始めるデータベースづくり

運転免許相談会の成功は、飛び込みをやめて、見込み客を集める「集客」に徹したことです。**営業は「集客」と「販売」から成り立っています。**有名店のように、自然にどんどん客が来る業態であれば、この2つは分担できます。しかし中小企業や個人では両方やる必要があります。そして「販売」よりも「集客」のほうが重要です。見込み客は潜在客の中からしか出てきません。ですから、潜在客をいかに多く集めるかが重要なのです。

では潜在客を増やすにはどうすればいいでしょう。最も簡単な方法としては、できるだけ多くの人に会い、名刺交換をする。そして名刺交換をした人たちのリスト(顧客カード)をつくます。リストには、多くのデータを付加していきます。これがオリジナルなデータベースです。もちろん、昨今は個人情報保護について厳しくなっていますので、取扱いには注意し相手に不快感を与えない配慮をしてください。リストづくりの次が情報提供です。ここで発信する**情報に応えてくれる人が見込み客**になるのです。

## 販売より集客が大事

●営業は集客と販売から成り立つが、まずは集客が重要

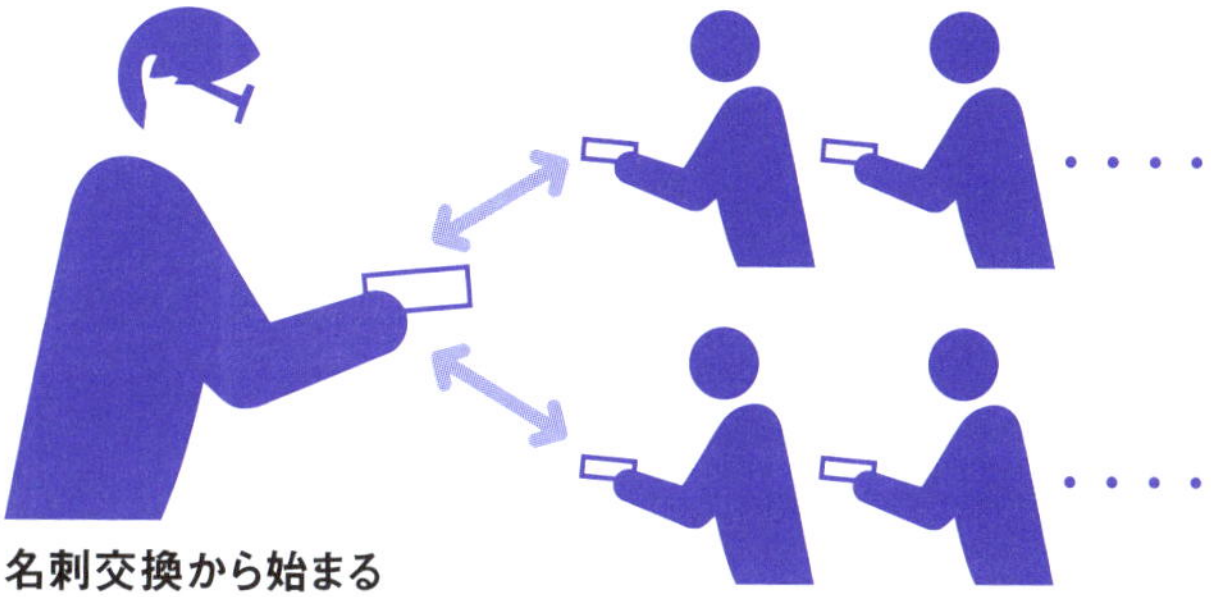

名刺交換から始まる

●顧客カードをつくって、データを付加していく

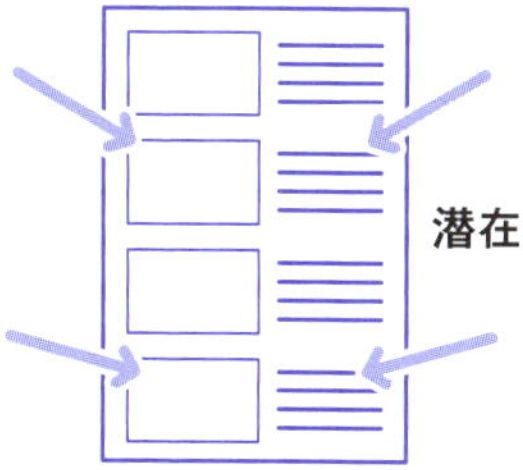

潜在客のカード

●顧客に情報提供し、応えてくれた人が見込み客になる

**潜在客をいかに多く集めるかが重要**

# 1-10

# 潜在客とは常にコミュニケーションをとる

## いろんな手段を組み合わせながら

### ▼情報発信を続けることで見込み客になる

仮に、私が車の営業マンだったとしましょう。

今、車を買いたいと考えている人がいて、誰に相談するでしょうか。親戚や友人に販売店などの関係者がいればそういう人に相談するかもしれません。しかし、そんな人がいないなら、情報発信によって日常、何らかのコンタクトをとっている私に連絡してくる可能性が圧倒的に高くなるでしょう。

「○○さん、ちょっと車のことで相談していいかな」と連絡をくれたその瞬間こそ、**潜在客が見込み客に変わった**ときなのです。日頃から情報提供をして、潜在客とのコミュニケーションを頻繁に図っているからこそ、私のことを思い出してくれるのです。

情報の提供は、どんな手段、方法でもできます。ハガキ、手紙、チラシやホームページの作成、メルマガ、ブログ、ツイッター、フェイスブック、セミナー開催などです。これらを組み合わせて、自分なりにうまくいく方法を見つけていけばいいと思います。

## 情報発信を続けることが見込み客を生む

●ハガキ、手紙、チラシ、HP、メルマガ、ブログ……

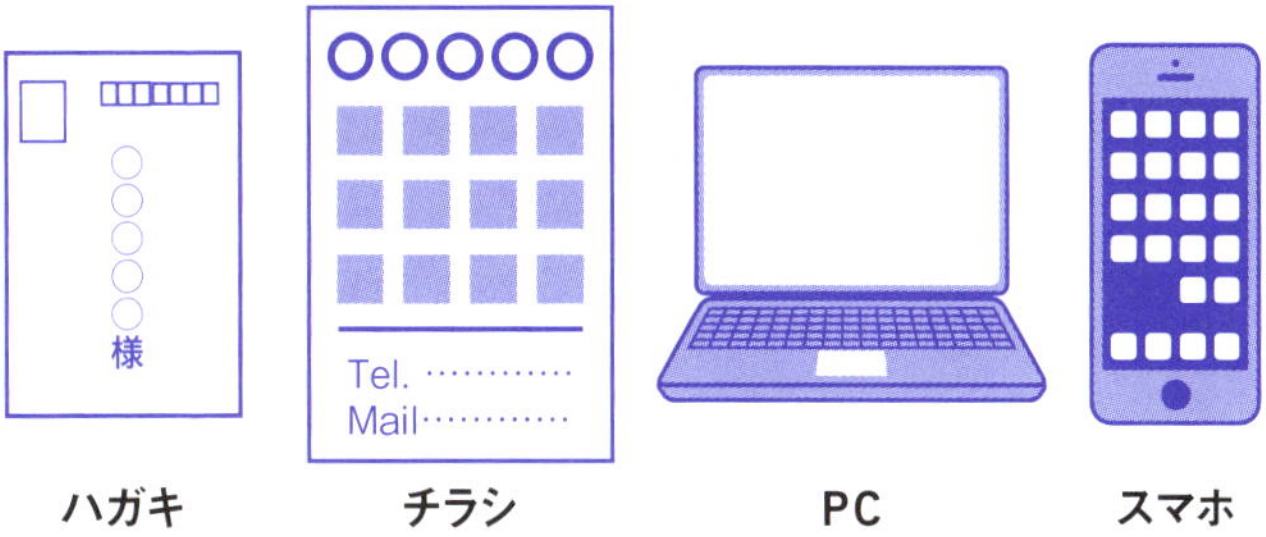


●情報発信に応えて連絡をくれたときに見込み客になる

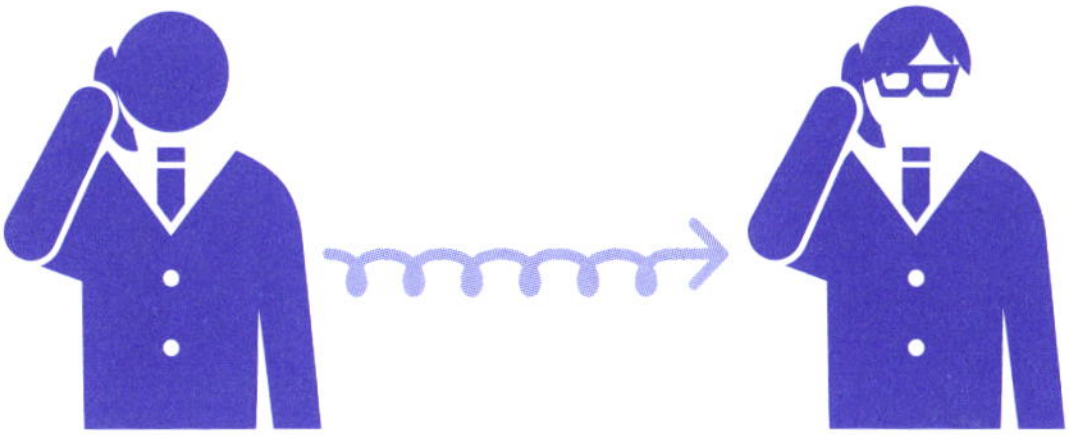

「ちょっと車のことで
相談したいんだけど……」

**日頃のコミュニケーションが潜在客を見込み客に変える**

# 1-11

# メールを送っても売り込んではいけない

## 近況やお役立ち情報を送る

### ▼いざというとき思い出してもらえるように

潜在客へのコミュニケーションはメールが最適です。一度に多くの人に送れて、相手も返信がしやすく、ローコストだからです。ブログやホームページがあれば、それらのアドレスも載せておきましょう。次に、どういうメールを送ったらいいでしょう。あなたが車の営業マンだとしても、相手は車に興味がないかもしれません。そんな相手に車の情報を送っても、「売りたいから送ってきたな」と思われるだけです。

ここでは車に関する情報は避け、仕事で頑張っている近況やビジネスに役立つ情報を書きます。たとえば、「先日、税理士さんと話をしていて、お得な情報を得ましたので紹介します」といった内容でかまいません。いわばあなたの〝ニュースレター〟であり〝メルマガ〟です。相手もビジネスマンなら、役立つ情報は喜びます。最後に、近々の自社関連のイベント情報等を織り込むだけです。**情報発信を続けていくと、あなたという存在が、身近な人へと変わっていく。**そしていざ車が必要になったときあなたを思い出すはずです。

## メールでは近況や情報提供を

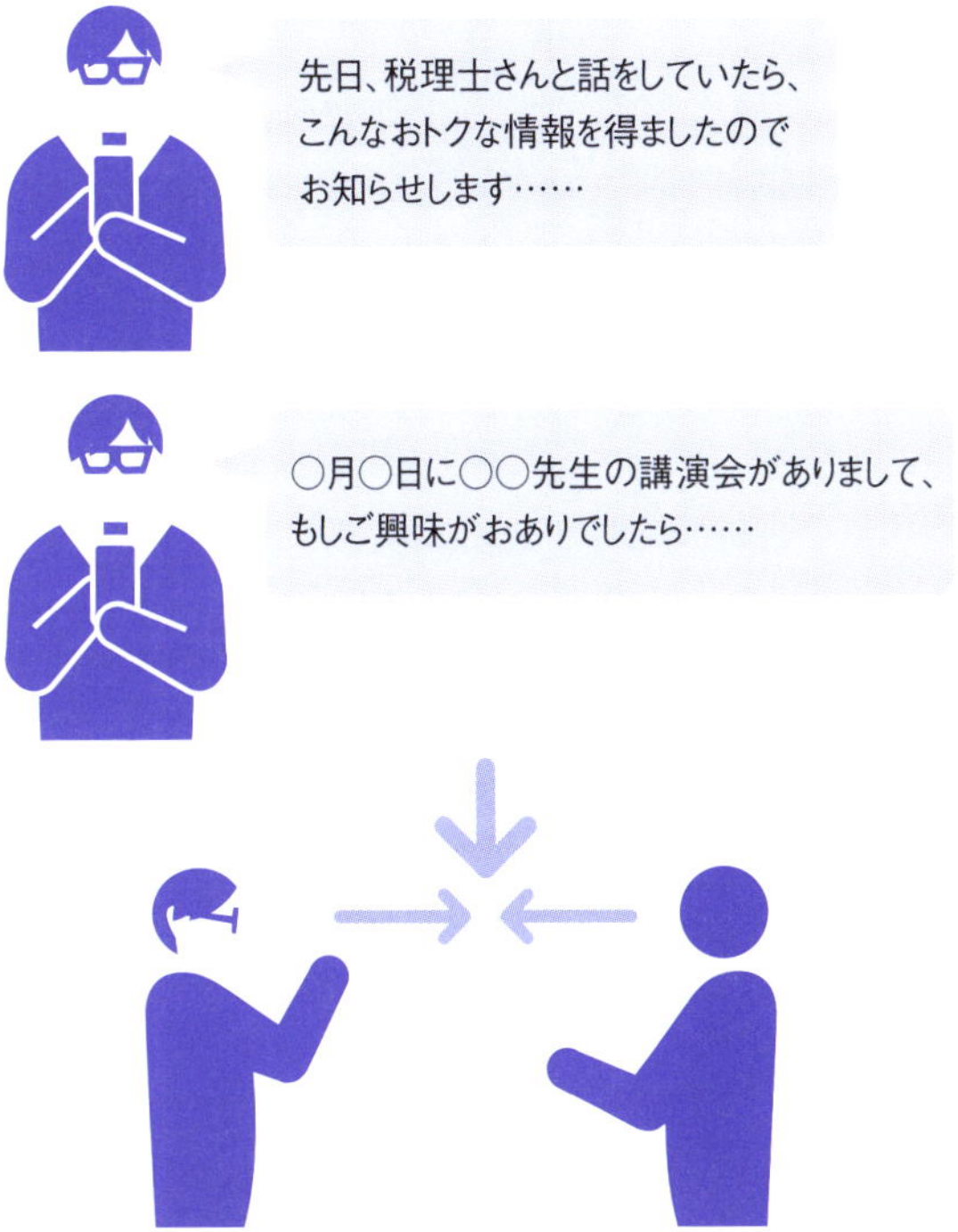
先日、税理士さんと話をしていたら、
こんなおトクな情報を得ましたので
お知らせします……
○月○日に○○先生の講演会がありまして、
もしご興味がおありでしたら……

**情報発信を続けていくことで、
顧客にとってあなたが身近な存在になっていく**

## メールでは売り込んだりしない

# 1-12 セールスプロセスを頭に入れておく

## 営業の一連の流れをつかむ

### ▼アプローチで心理的距離を縮める

セールスプロセスとは、先にも述べた**アポイント→アプローチ→ヒアリング→プランニング→プレゼンテーション→クロージング（契約を含む）→紹介入手**と続く、営業の一連の流れです。各段階は第3章以降で細かく触れますが、ここでもう一度頭に入れてください。

最初が**「アポイント」**です。潜在客から反応があれば、まずアポイントを取ります。ここで潜在客が見込み客になります。次の**「アプローチ」**で、見込み客との「心理的距離」をぐっと縮めます。実はセールスプロセスの中で、アポイントからアプローチにいく段階が最もハードルが高く、これ以上先に進まないケースもあります。

アプローチで心理的距離を縮めたら、**「ヒアリング」**です。「質問力」の巧拙が後に大きく影響します。ここで本当のニーズを引き出すことが重要です。次に、ヒアリング情報にもとづき**「プランニング」**をし、要望に沿って提案を練り**「プレゼンテーション」**をする。そして、納得が得られればスムーズに**「クロージング」**（契約）となります。

## セールスプロセスの流れ

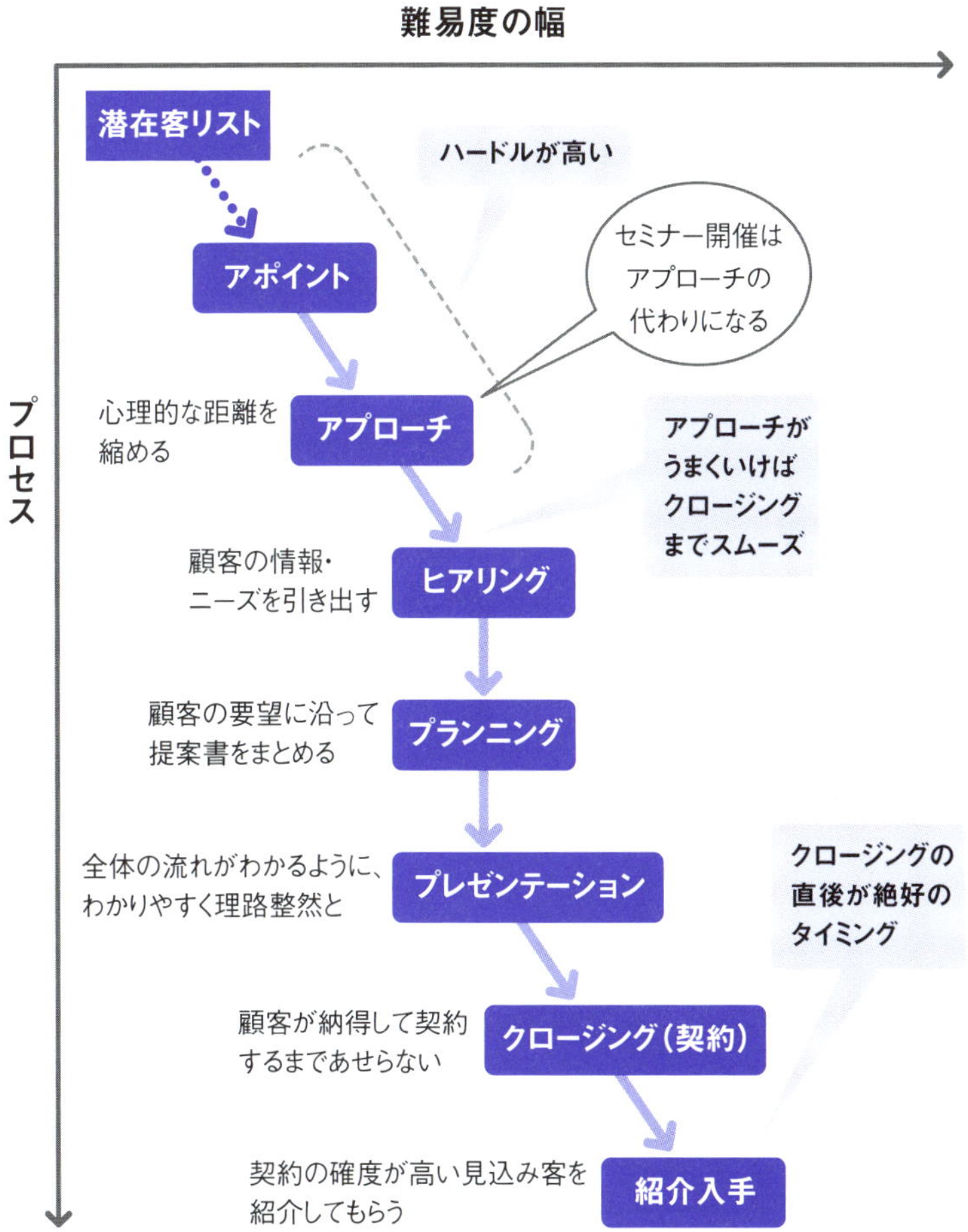

難易度の幅
プロセス
潜在客リスト
ハードルが高い
アポイント
セミナー開催はアプローチの代わりになる
心理的な距離を縮める
アプローチ
アプローチがうまくいけばクロージングまでスムーズ
顧客の情報・ニーズを引き出す
ヒアリング
顧客の要望に沿って提案書をまとめる
プランニング
全体の流れがわかるように、わかりやすく理路整然と
プレゼンテーション
クロージングの直後が絶好のタイミング
顧客が納得して契約するまであせらない
クロージング（契約）
契約の確度が高い見込み客を紹介してもらう
紹介入手

1-13

# 契約者をキーパーソンにするには

## 好成績を上げる営業マンの秘訣

### ▼顧客満足が紹介入手につながる

クロージングで納得が得られないという場合は、ヒアリングが不十分だったり、間違ったプランニングをしたわけで、それではクロージングには至りません。モノや情報があふれている今、次項で示すようにヒアリング、プランニングに細心の注意を払ってください。

さて、ようやく契約に至りました。しかし、ここで留まっていたのでは「顧客の4分類」で示した「契約者」の段階です。さらに集客力を高めるには、契約者に、その上の「キーパーソン」になってもらわなければなりません。それが**「紹介入手」**、つまり**新たな見込み客を紹介**してもらう段階です。顧客の満足度が高いほど、紹介入手につながりやすくなります。顧客満足が紹介を生むのです。また紹介入手がうまくて多い人ほど高成績になることは先に述べました。平均的な人の何倍も売る営業マンは、この点がうまいのです。顧客の4分類の最上位であるキーパーソンを多く抱えているのです。

## 顧客満足が契約者をキーパーソンにする

**ヒアリング** OK!
●ヒアリングからクロージングまで
細心の注意を払うことで顧客は契約者になる

↓

**プランニング** OK!
●提案書にストーリー性を持たせると、
キーパーソンはそれを覚えている

↓

**プレゼンテーション** OK!
●契約者の顧客満足が高ければ
さらにキーパーソンにまでなってくれるかもしれない

↓

**クロージング** OK!
●優秀な営業ほど
キーパーソンを多く抱えている

↓

**契約者がキーパーソンとなって新たな見込み客を紹介**

**紹介入手がうまくて多い人ほど
高成績になる**

# 1-14

# 疑問や要望を顧客から引き出す方策

## ヒアリングやプランニングが今なぜ重要なのか

### ▼顧客に代わって解決策を探し出す

なぜ、セールスプロセスを踏むことが重要なのでしょうか。それは、同じ見込み客であっても、今やどんな商品についてもニーズそのものが小さくなり、潜在化・多様化しているからです。昔なら商品も少なくニーズは顕在化していました。ところが今はそうはいきません。「1つはあるけど、2つめも考えている」「新しい機能だけ知りたい」など、ニーズの中身も細分化され、しかも、その内容は外からは見えません。これを表に出すには、何らかの手段が必要です。そのために、ヒアリング、プランニングが重要になってきたのです。

たとえば、食器洗い機が「あったらいいな」となんとなく思っている主婦の気持ちはストレートには出ません。機能、価格、場所等についてのさまざまな疑問点や要望があるし、しかもそれらを自分からはっきりと言葉にすることが難しい。そこで、その主婦の身になり何が一番問題なのかを聞き出し、それに沿って問題を解決する満足度の高い機種を選び、価格も見合ったものにして提示すれば、売れる確度はグンと増します。

## ヒアリングやプランニングの重要さ

●どんな商品でもニーズは小さくなり、潜在化・多様化している

●そして、ニーズの中身も細分化され、外から見えない

●だから、営業マンのヒアリングやプランニングが重要!

「食器洗い機があったらいいな」

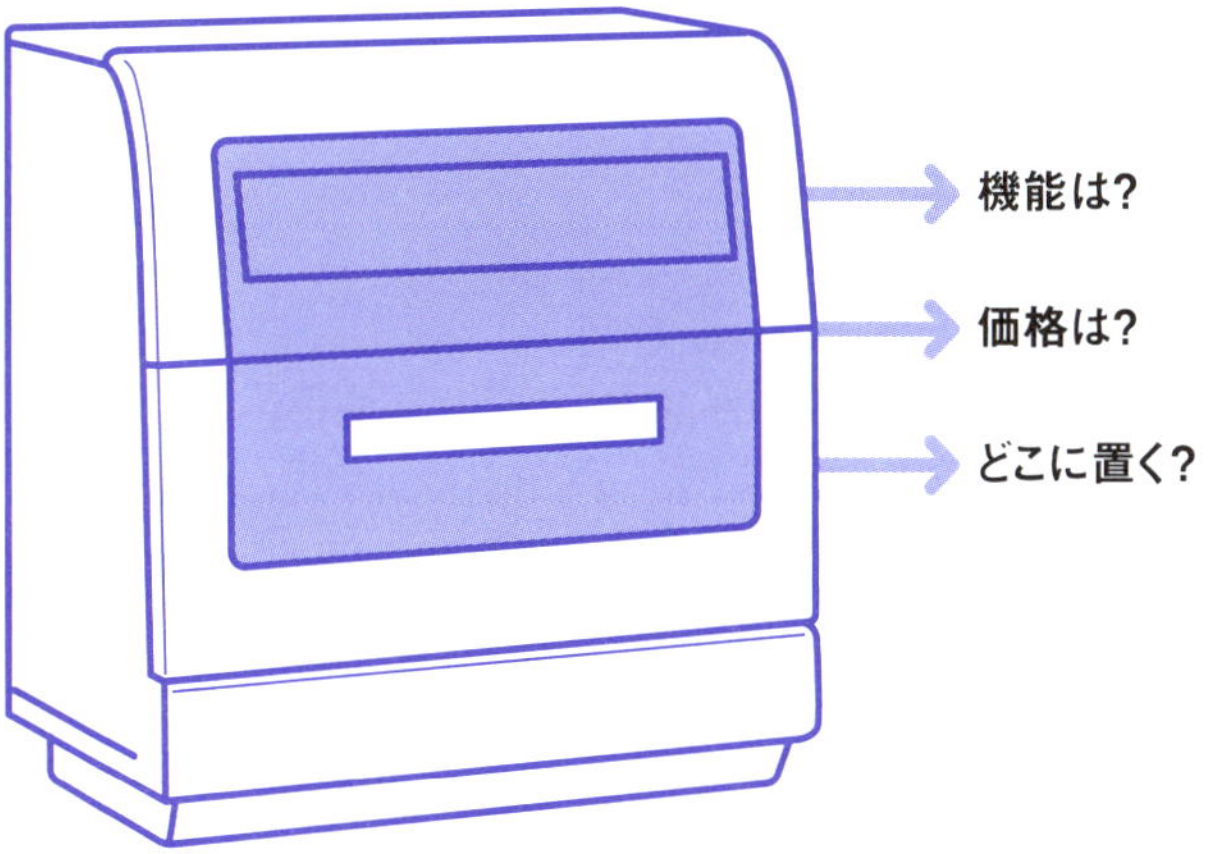
機能は?
価格は?
どこに置く?

**問題を解決する満足度の高い機種を選び、価格も見合ったものにして提示する**

1-15

# 集客＋セールスプロセスを同時に実践せよ

## 情報提供を続けて顧客の身近な存在に

### ▼聴講者2名でもセミナーを続ける

いままで述べてきたように、**営業で成果を上げるには、マーケティング（集客）とセールスプロセスを同時に実践することです。**先に述べた自動車教習所の営業でキーになったのは、高校での説明会でした。また生保営業に転じて、親戚・知人頼りが尽きてスランプになったころに、突破口になったのは税理士事務所と組んで行なったセミナーでした。講師として来場客とかかわることで、見込み客が増えたのです。いったん見込み客ができれば、後は個別に会って販売をします。ここで生きるのが、セールスプロセスです。セミナー後では、アプローチまでは済んでいるので、そのままヒアリングへ移ればいいのです。

その後私は、定期的にセミナーを開催しました。喫茶店の空いた時間をもらって、聴講者は2名ということもありました。それでもセミナーはやめませんでした。まず見込み客が増えます。すぐ売れなくてもいい。後は情報を提供して顧客にとっての身近な存在になればいいのです。集客、そしてセールスプロセス。これを同時に行なっていくことです

## 集客とセールスプロセスを同時に

●説明会やセミナーを活用する

・マーケティング（集客）して
見込み客を確保する
（アプローチ段階）

・個別に会ってヒアリングする
⋮

●セミナー営業で情報を提供し、
顧客にとって身近な存在になることが大事

**すぐに売れなくてもセミナーを続けることが大事**

コラム

## 通販＝ジャパネットたかたCMは最強の営業マンのやり方だ

営業は集客とセリングで成り立っているとは、本論で述べました。会社によっては大宣伝を打ち、営業マンは主に販売を担当する例もありますが、中小企業だと両方をこなさなければなりません。そして集客と販売を比較すれば集客のほうが重要です。考えてもみてください。目の前に客が集まってくる状況になったとすれば、セリングの力量の差はたいした問題ではないでしょう。アップル社の新作スマホには、長蛇の列ができます。こういう例ではセリングは不要でしょう。

さて、この集客とセリングのクロージングまでを、一挙に体現してみせた方がいます。それはジャパネットたかたの社長、高田明さん（今は引退し交代）です。テレビ通販ですから、何百万人の前。そこで商品をデモンストレーションして、わかりやすくプレゼンします。そして「ほしい方はここへ」と画面上で連絡先を提示し、さらに視聴者の意欲をそそるように「先着限定何台までは、お得です」と締めるのです。反応があった人は、後に顧客リスト化でき、次のセリングへつなげます。これは短時間で「集客＋セリング」を集約してみせた見本。営業マンは、これを見習うべきだと思います。

# 第2章

# 売るための基本の基本を身につける

## 2-01

# 初対面の印象がその後を大きく左右する

## 「見た目が9割」と心得る

### ▼服装や挨拶に十分気を配ること

かつて『人は見た目が9割』という本がベストセラーになりました。非言語のコミュニケーションの重要さを説いているものです。「え、9割も」という割合の真偽はおいておくとしても、営業においても見た目はかなり重要なことです。スッキリとした服装で爽やかに挨拶すれば、相手に好印象を持ってもらえます。**自分の好みではなく、顧客が見て好印象を持たれるかどうかが重要だという意識を持つべきです。**

たとえば流行の服だからといって、それに合わせてネクタイを緩め、ダラッとした感じで着こなしてみたというのはNGです。若い人にとってはカッコよくても、ビジネスではいい印象を持たれません。その格好で挨拶すればどうしても「この営業はイマイチだなぁ」と判断されます。顧客は真剣に話を聞いてくれませんし、商談が進展することもなくなります。また一度ついたイメージを変えるのは難しくなります。逆に第一印象が良ければその後は話が有利に展開します。第一印象ですべてが決まるという気持ちで準備してください。

## 初対面の印象が決め手になる

### 第一印象がいい人

・清潔感がある
・きちんと挨拶ができる
・姿勢がいい
・人の話をきちんと聞く
・時間を守る
etc.

### 第一印象が悪い人

・不潔、服装が乱れている
・なれなれしい
・こちらの目を見て話せない
・挨拶がぞんざい
・時間を守れない
etc.

2-02

# できる営業マンは持ち物にも気を使う

## 手帳やボールペンも重要なツールだ

### ▼いい道具を使うとモチベーションも上がる

顧客は服装だけでなく、営業マンが何を使っているかを、案外、観察しているものです。商談などの際に、安っぽい手帳や、いかにも粗品でもらったようなボールペンを使っている姿を見ると「この人に任せて大丈夫だろうか？」と、本筋には関係のない疑念がわいてきます。そのせいで、契約するつもりだったのに、考え直すことになってしまったのではそれまでの努力が水の泡です。

一般的に成績のいい営業マンはセンスのいい手帳を持ち、質の良さそうなボールペンを使っていると認識してください。トップ営業マンのトークや話術をすぐに習得するのは難しいことです。しかし、道具を真似することなら誰にでもすぐできます。

安っぽい手帳やボールペンを使っている人はちょっと高めのものに替えてみましょう。余裕があればカバンもいいものに替えると顧客からの印象は良くなります。**また少し上等な持ち物をもつと、印象だけでなく自分の仕事へのモチベーションも高まります。**

# 持ち物や道具にも気を配ろう

ボールペン

カバン

手帳

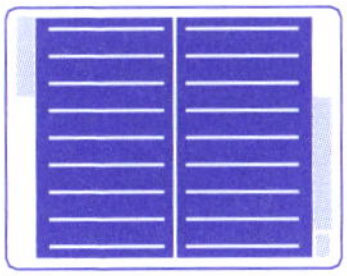

時計

財布

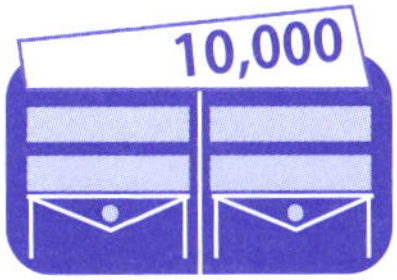


- 新人営業マンがすぐにトークや話術を上達させるのは難しい
- しかし、自分がふだん使う道具や持ち物をセンスあるものにすることはできる
- 取り立てて高価なブランドものなどを身につける必要はない
- 安っぽい手帳やボールペンを少し上等なものに替えてみよう
- 相手に与える印象だけでなく、自分の仕事へのモチベーションも高まる

2-03

# 名刺は両手できちんと渡す

ビジネスマナーの第一歩

## ▼相手にしっかりした印象を残す

名刺交換といえば、ビジネスマナーで最初に教えられることの1つです。新人研修で教えてもらったことがある人も多いでしょうが、ここでは再確認します。

基本的には名刺を両手で渡し、「○○会社の△△一郎と申します」と名乗ります。状況によっては異なりますが、相手から名刺を受け取るときは基本的に名刺入れを下にして、両手で受け取ります。当たり前のことに思えますが、若い人だけでなく、ベテラン営業マンでさえきちんと名刺交換ができていない人もいます。その対応を見て、「こういう人と仕事でかかわるのは、どうも気分が乗らないな」と思われてはスタートでつまずいてしまいます。きちんとした名刺交換をすると「この人はきちんとした仕事ができそうだ」という雰囲気が伝わるものです。**顧客と出会い、仕事関係が始まるのは、まず名刺交換からです。**ビジネスの第一歩です。両手できちんと渡し、できていない営業マンとの差をつけましょう。なお名刺は必ず名刺入れに入れてください。ポケットや財布から出すのはNGです。

# 名刺交換の基本マナー

●名刺はあなたから先に
「○○会社の△△一郎と申します」と
名乗って両手で渡す

↓

●名刺を受け取るときも両手で
「頂戴いたします」と受け取る

↓

●お互い同時に名刺を出している場合は、
お互い右手で差し出し、左手で受け取る

↓

●名刺は必ず名刺入れに入れて、
すぐに取り出せるようにフタの下に置く

# 2-04

# 名刺をもらったら必ず名前を確認する

## 思い込みで勝手に判断しない

### ▼「なんとお読みするんでしょうか」

名刺をもらったらすぐに名刺入れにしまってしまうのではなく必ず読み方を確認してください。たとえばですが【新谷一郎】と書かれていたとします。

とっさに新谷を〈にいや〉と思い込み、「〈にいや〉さんの、○○はどうですか？」「〈にいや〉ではなく、新谷〈しんがい〉と言います」「す、すいません……」

このように相手の名前を勝手に判断して、間違えるのは、やはり失礼にあたります。

そうならないように、交換したときに「失礼ですが、このお名前はなんとお読みするんでしょうか」と名前の読み方を確認しましょう。**交換のときに読み方を聞くことは失礼ではありませんし、話のきっかけをつくる一番のチャンスなのです。**

質問すれば、「よく〈にいや〉と間違えられるのですが、〈しんがい〉と言います」と、正確な読み方を教えてもらえます。その上、名前の話題から話が盛り上がることもあります。また名前のほかにも部署名、役職名、事業内容、住所などもわからないときは質問しましょう。

## 名刺の名前や住所などを確認する

●読み方がはっきりしない名前などはその場で確認する。
「お名前はなんとお読みすればよろしいんでしょうか」
「新谷（しんがい）と言います」
（※読みにくい名前にはふりがなを印刷しておくこと）

●話のきっかけをつくるチャンスにもなる
「めずらしいお名前ですね」
「ええ、よく新谷（にいや）とか新谷（しんたに）とか間違えられます」

●住所や事業内容などについてもわからないときは質問する。
そこから話が広がることもある

# 2-05

# もらった名刺はテーブルの上に並べておく

## 名前や役職は絶対間違えない

### ▼目の前の人の名前が出てこない！

複数人と名刺交換をすることがあります。挨拶だけで終わりのときもありますが、テーブルに座り、そのまま打ち合わせが始まることもあります。

その場合は座っている順番に名刺を並べても失礼にはなりません。その名刺の名前を確認しながら話をすればいいのです。よほど記憶力がいい人は別ですが、普通の人は名前や役職を瞬時に正確に覚えることはできません。交換した名刺をすぐにしまいこんでしまうと、いざというときに困ります。

「あれ？　目の前に座っている人は常務さんだったか？　それとも専務さんだったか？」となってしまうのです。名前を間違えるのと同様、役職を間違えるのも非常に失礼にあたります。「常務と専務くらいの間違いはたいしたことないだろう」と安易に考えてはいけません。相手にとってはすごく重要視している場合もありえます。

**名前と役職を間違えないように、受け取った名刺はテーブルの上に並べて置きましょう。**

## もらった名刺はテーブルに並べる

●受け取った名刺は目の前のテーブルに置いておく。
相手が複数の場合は、順番に並べておく

●相手が1人であっても初対面の人の名前は
頭に入らないことがあるので、
すぐに名刺入れにしまわないほうがいい

●名前はもちろん、役職名なども間違えて読んだりしないように、
ときどき名刺を確認する

# 2-06

# 名刺に特徴や趣味をメモしておく

## 日付や場所、その人の特徴や趣味など

### ▼スムーズな会話の助けになる

優秀な営業マンは、何年も前に1度しか会っていないのにもかかわらず、あたかも最近に会って話したかのように会話ができます。なんと記憶力が人並外れていることかと感心するのは早計です。これはかつて交換した名刺に、後で日付、その人の特徴や趣味、話した内容などをメモしていて、事前にそれを見ているからなのです。

社会人になると、多くの人と名刺交換する機会があります。そのときはいつまでも覚えているような気がしても、やがて時間が経ち、100人が1000人となれば、記憶できなくなります。後で名刺を見返しても「あれ？　この人どういう人だっけ」と思い出せないことが多くなります。そうならないためにも、名刺交換した日付、場所、特徴や趣味などを名刺に書いておくことです。次回会うことになったとき、そのメモに助けられるとともに、スムーズな会話ができるでしょう。**なお、名刺を交換した相手は、見込み客の候補になります。名刺はフォルダで管理して顧客リスト化することをおすすめします。**

## もらった名刺の整理

●自分の名刺入れは常にチェックし、
名刺を切らさないようにする
●お客様を迎えるときや他社への訪問の予定が
あるときは事前に必ず名刺をチェックする
●名刺が少なくなってきたら、早めに印刷の手配をする
●面談中に相手の名刺に書き込みをしたり、
名刺をもてあそんだりしてはならない
――ただし
●訪問から戻ってきたら、名刺交換の日付、場所、
面談の内容、相手の趣味や特徴などを名刺にメモしておく
●次回会うときは事前にそのメモをチェックしておく

↓

**顧客リスト化する**

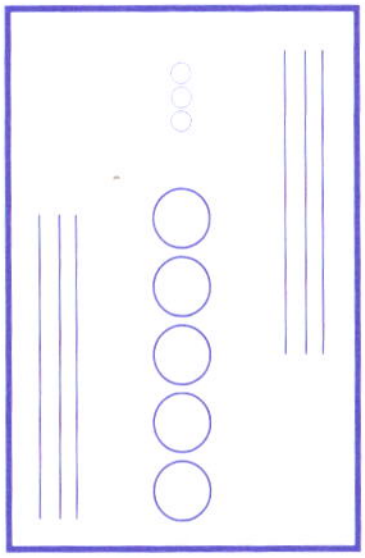

日付、場所、面談内容、
相手の印象などをメモしておく

# 2-07

# 正しい言葉で話し、印象を上げよ

## 社会人としての言葉遣いを知る

### ▼誰からも好印象を持たれるように

新人営業マンA君は、新しい担当先で「はじめまして、○○会社の○○と申します」としっかりと挨拶をしました。担当者はA君の正しい言葉遣いを聞いて、礼儀正しい若者と好感を抱き、その後の仕事も順調です。まだ若いのに、正しい話法でしっかりと話す。**新人であろうと若かろうと、社会人であれば、正しい言葉遣いをすることは必須の心得です。**若いA君にはこれがプラス面に作用し、誰からも好印象を抱かれています。

A君が正しい言葉遣いをするようになったのは、かつて得意先で失礼な言葉を使い、叱られたことがきっかけです。A君は、打ち合わせのとき、「ご苦労様です」と言っていました。あるとき、顧客から「ご苦労様」は目下の人に使う言葉だから「お世話になります」もしくは「おつかれさま」と言ったほうがいいと注意されました。目からウロコが落ちた彼は、改めてしっかりと本で尊敬語や丁重語(謙譲語)を勉強し直したのです。正しい言葉遣いができるようになって成績も上がりました。若いときこそ、正しい言葉を勉強しておきましょう。

## 正しい敬語を使いこなそう（例）

| 基　本 | 尊敬語 | 丁重語（謙譲語の一種） |
|---|---|---|
| 人 | OO様、あなた様、先（さき）様、そちら様 | 私、当方、こちら |
| 集団 | 皆様、各位、諸氏、諸賢 | 一同、私ども、てまえども |
| 会社 | 御社、貴社 | 弊社、小社、当社 |
| 店 | 貴店 | 弊店、小店、当店 |
| 銀行 | 貴行 | 弊行、当行 |
| 新聞・雑誌 | 貴紙、貴誌 | 弊紙、弊誌、小紙、小誌 |
| 考え | ご高察、ご賢察、ご高論、尊慮、貴意 | 愚見、微志、薄志、薄謝、薄儀、微意 |
| 気持ち | ご厚志、ご芳志、ご厚情、ご高配、お心遣い、ご配慮、お気持ち | 寸志、微志、薄志、薄謝、薄儀、微意 |
| 品物 | 佳品、結構なお品 | 粗品、寸志、松の葉、つまらないもの、心ばかり、形ばかり、気持ちばかり、しるしばかり |
| 手紙 | 芳書、芳信、貴信、芳墨、懇書、ご書面、ご書状 | 寸書、寸簡、寸著《すんちょ》 |
| 名前 | ご芳名、ご尊名、ご高名、お名前 | ― |
| 住所 | ご自宅、お住まい、お宅、尊宅、尊家、貴宅、貴家 | 拙宅、小宅、幣屋、陋屋《ろうおく》、寓居《ぐうきょ》 |
| 食事 | 佳肴 | 粗餐、粗菓、粗茶、粗酒、お口汚し、口ふさぎ |

## 2-08

# 話し方は録音で聞いてスピードを調整する

### 大事なときほど冷静にゆっくり話す

### ▼思っているより速く話しているもの

多くの営業マンは、大事な顧客と話すとき「よし、気合いを入れて頑張ろう」とテンションが上がります。そういうときは、商談が佳境にさしかかると、自分が思っている以上に速いスピードで話してしまいがちです。自分だけ盛り上がって、顧客はついてきていない、という状況になりかねません。**商談に限らず、早口でまくし立てても、相手に意図が伝わらず、物事はうまくいかないものです。**盛り上がったときこそ、冷静になってゆっくり話すことを心がけるべきです。

話すスピードは、なかなか自分では気づかないものです。ICレコーダーなどで録音して自分で客観的に聞いてみることで、いろいろな発見があり、矯正できます。「こんなに早口だったのか？」「こんなに口癖があったのか！」と意外に思うはずです。まずは自分の話しているところを録音して聞いてみて、話すスピードを調整するとともに、不要な口癖を直しましょう。トークは営業の成果を左右する重要なスキルであることはいうまでもありません。

## 話すスピードにも注意を向けよう

話が佳境にさしかかると、
思った以上に速いスピードで
話しているもの

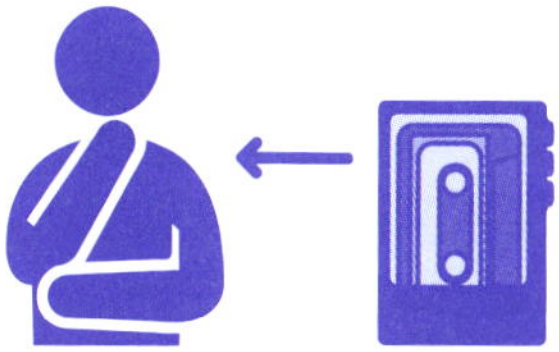

IC レコーダーなどに録音して、
自分の声を聞いてみよう

大事な話ほど落ち着いて
ゆっくり話すようにしよう

# 2-09

# 会っていきなり仕事の話はしない

## 雑談で場を暖める

### ▼「寒いですね」「暑いですね」と話題を振ってから

ルートセールスでも直接販売でも、雑談もせずにいきなり商談に入っても話はいい方向には進みません。**相手がまだ場に打ち解けていないときは、商談にも乗ってこないのです。**そういう状況ですと、営業マンが一方的に説明し、相手の本音を引き出せないまま、商談は流れてしまいます。自動車にたとえれば、ある程度エンジンが温まらないと、うまく走りださないのと同じです。講演会の講師や落語家も、いきなり本題に入らず、雑談である程度会場を和ませてから本題に入ります。会ったときは、まずは雑談から入りましょう。

一般的には話題は、天候などのなにげないことでかまいません。

「最近は寒くなってきましたね。今朝は霜が降りていましたよ」といった話題でいいのです。「そうね、今日は車のフロントガラスに霜が降りちゃって大変。やっぱり新築する時はカーポートがあったほうがいいわね」と、話が商談のほうへ展開することもあります。そうでなくても、雑談を挟むことで場を和ませ、それから本題へ移るほうがスムーズにいきます。

## 商談に入る前に雑談で場を和ませる

●落語家はまず、
マクラで場を暖めて
から本題に入る

●「今日も暑いですね。この暑さはいつまで続くんでしょうかね」
「最近は寒くなりましたね。今朝は霜が降りてましたよ」

天気の話などなにげない雑談から始める

↓

●雑談がきっかけになって商談に転化することもある。
雑談のネタは日頃から仕込んでおこう

**相手がまだ場に打ち解けていないときは、**
**商談にも乗ってこない**

2-10

# 顧客が話しやすいテーマを投げかける

雑談下手の顧客への対応

## ▼相手が興味を持っているテーマを探す

顧客のなかには、あまり意味のない雑談をするのが苦手な人もいるでしょう。そういう場合でも、いきなり商談をするのではなく、営業マンサイドで話をリードする必要があります。**まずは顧客が話しやすいテーマを投げかけて、打ち解けた雰囲気をつくりましょう。**

顧客に子供がいることがわかれば、まずは子供のことを聞いてみるのがひとつの手です。全く話をしなかった顧客が「お子さんは習い事はなにをしているのですか?」と聞かれたとたんに、子供ネタで大盛り上がりすることは珍しくありません。

たとえば顧客が「うちの子は3歳からスイミングに行っていましてね」と答えたとします。そこで「ああ、そうなんですか」で終わってはいけません。「週に何回行っているのですか?」「何泳ぎをしているのですか?」とさらに突っ込んで質問します。このように展開することでリラックスしてくれ、スムーズに仕事の話ができるのです。相手が話しやすいテーマを投げかけて営業マンがリードすることを心がけてください。

## 雑談が苦手な人への対処法

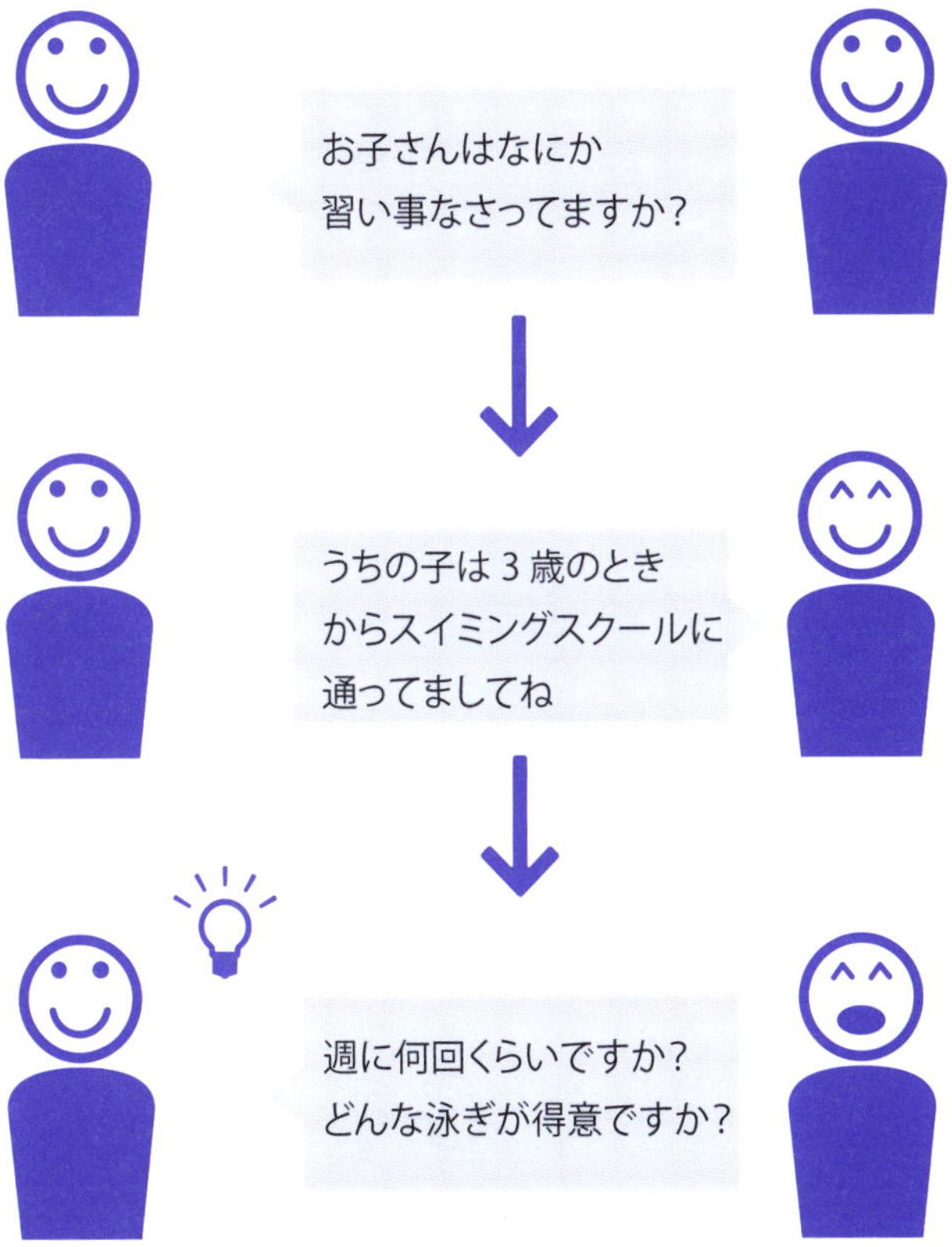
お子さんはなにか
習い事なさってますか?
うちの子は 3 歳のとき
からスイミングスクールに
通ってましてね
週に何回くらいですか?
どんな泳ぎが得意ですか?

●相手が話しやすいテーマを探して、言葉を投げかけてみる。
返事が返ってきたらさらに突っ込んで聞く

# 2-11

# 無理に笑いを取ろうとしてもうまくいかない

## 自然体を心がけよう

### ▼日頃普通に感じていることを無理なく

商談前に雑談で盛り上げるためには、「ひとつ笑いを起こして、場を和ませるのが効果的だ」と考える営業マンがなかにはいます。うまくいけばいいかもしれませんが、下手をすれば墓穴を掘ります。

ある営業マンが大事なプレゼンの前に空気を和ませようとして、一発ギャグをかましました。しかし、まったく受けずに、その場が凍りついたのです。そしてそれが逆効果になり、プレゼンは失敗に終わりました。笑いを取るなど、普通にはできないことをするのではなく、自分にできることをすればいいのです。

芸人でもあるまいし、狙って笑いなど取れるものではありません。簡単にできないことを無理してしようとするから空回りするのです。それよりは、自分が普通にできることをやればいいのです。俗にタブーとされている政治や宗教などの話を避けて、誰もが日常に感じていることでいいのです。**無理に笑いを取ろうとするのではなく、自然体で雑談しましょう。**

## 無理して笑いを取ろうなどとしない

しょーゆーこと!

●場をわきまえず、ギャグをかましても逆効果だ
●場が凍りついてプレゼンは失敗する

●政治や宗教の話も避ける
●自分が日頃感じていること、
考えていることなどを自然体で話せばいい

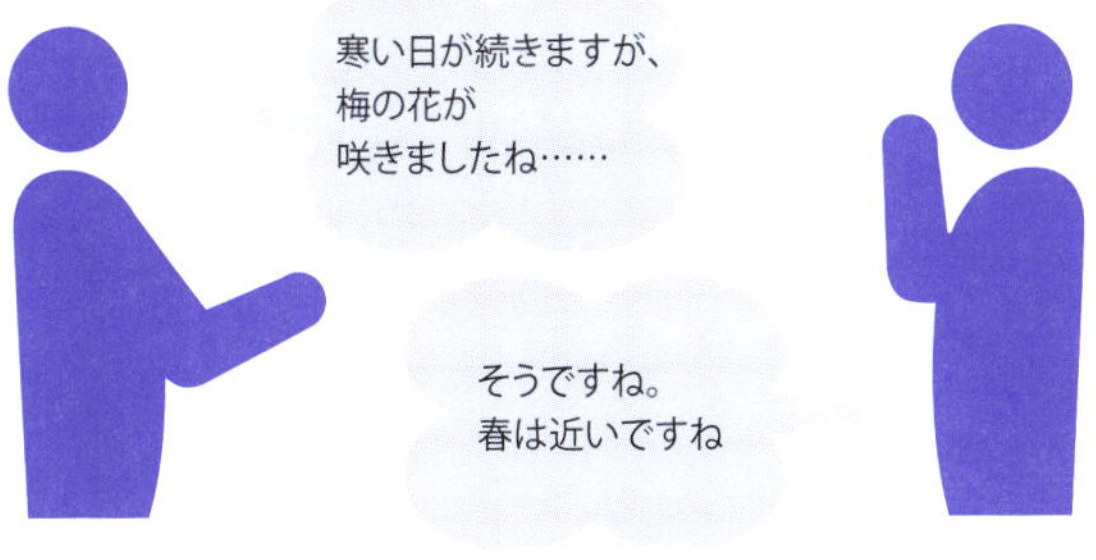
寒い日が続きますが、
梅の花が
咲きましたね……
そうですね。
春は近いですね

# 2-12

# 自分の知らない話こそチャンスと捉えよう

## 相手の話したいことをじっくり聞く

### ▼相づちと質問を心がける

顧客と雑談をしているとき、そのテーマが自分の得意分野ならば話がはずむでしょう。しかし、まったく知らないテーマだったらどうでしょうか？　相手ばかりが話をして、相づちを打つだけです。ですが、この場合は、これでいいのです。顧客は自分の話を聞いてもらいたいと思っています。逆に人の話を聞かず一方的に話す人とは、お付き合いしたいとは思いません。

この場合は、自ら雑談のネタを用意する必要はありません。

**「雑談をしていて、自分の知らない分野になったら困る」と心配する人がいます。そうではなく、このときこそ相手の興味のあることを知るチャンスです。**「それはどういうことですか？　もっと詳しく教えてください」と質問すれば喜んで話してくれます。また次回にはそのジャンルのことを調べておいて、話題を振って相手に気持ちよく話してもらうことで、商談はうまく進むようになります。

## 自分が得意でない話が出てきたら

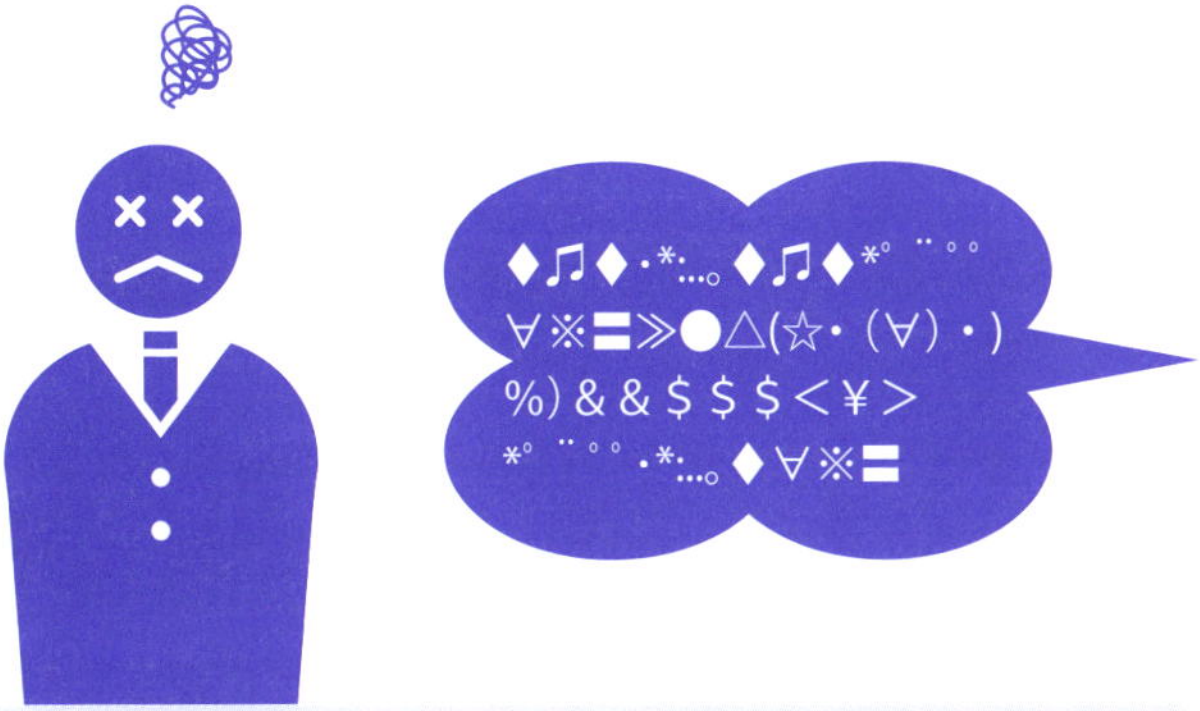
♦♫♦・*:..。♦♫♦*゜゛゜゜
∀※〓≫●△(☆・(∀)・)
%)&&$$$<¥>
*゜゛゜゜・*:..。♦∀※〓

●自分がよく知らない話題が出てきたら

そうなんですか。
それはどういうこと
なんですか?
もっと詳しく教えてください

●相手の話をよく聞いて相づちを打つ。質問する。
次回までに自分でこのテーマを調べておいて、
相手に気持ちよく話してもらおう

# 2-13

# 雑談が長く続く場合の本題への戻し方

## 話し好きな顧客への対処法

### ▼「そういえば」「ところで」と言葉をはさむ

雑談好きの顧客は、営業マンにとっては楽な存在です。こちらから話題を振らなくても顧客のほうからどんどんしゃべってくれるのですから。ただ、場合によっては話が延々と展開して、そのうちとんでもない方向へ脱線してしまうことがあります。

もちろん顧客の話を聞くのは大切なことです。ただ、こういった雑談を聞きすぎても、本題のほうが全く進まず、顧客は本題から脱線していることに気づきません。話に夢中になり、営業マンが何をしにきているかも忘れてしまっていることがあります。

そんなときはどこかのタイミングで本題に戻れるように意識してください。

「そういえば、○○さんは、どういったものを希望しているのですか?」といった質問をして本題に戻す努力をしましょう。**話好きな人に対しては、いつまでも雑談していては結果が出ません。**どこかのタイミングで、「そういえば」「ところで」と、本題に戻すようにします。話を集中して聞き、話の中の一瞬のチャンスを逃さないでください。

## おしゃべり好きな顧客で、話が脱線してきたら

●雑談が止まらなくなって、あさっての方向へ行きだしたら

●「そういえば、○○さんのご希望はどういうものでしたか？」
といった質問をして、本題に戻そう

コラム

# 名刺交換と名刺の利用法は営業の1丁目1番地である

2011 年より大学で講師として「営業手法」を学生に教えています。本書にもあるセールスプロセスについて解説することがメーンです。そんななかで最も評判がいいのは、名刺交換のやり方（ロープレ）でした。

なぜなら学生は本来、名刺交換という行為を知りません。そこで正しいやり方を学ぶとどうなるか。バイト先でのやりとりや、学園祭行事での企業との対応で役立つそうです。「学生なのにきちっとした対応ができるね」と、担当者から褒められて、嬉しいそうです。

たかが名刺交換と思ってはいけません。もらった名刺１枚から営業は始まるのです。名刺交換は営業の１丁目１番地です。優秀な営業マンで、名刺に「○月○日」とあらかじめ印刷している人がいます。これは交換のときに、日付を入れてもらい、会った日を記憶してもらうためです。相手に印象づけ、思いだしやすくする工夫です。私はむかし、ある経営者のもとへ通い、不在時には名刺に日付を書いてデスク上のシートに扇状に並べておきました。ある時会って、「きみはよく来てるね」と感心され、商談することができました。名刺１枚といっても効果はあるのです。

# 第3章

# 営業のきっかけをつくるアポイント&アプローチ

# 3-01

# 営業でまず大切なのは見込み客と思え

## あなたの話を聞いてくれる人

### ▼「話しやすい人」をリスト化してみよう

営業活動においてもっとも大切なのは、「あなたの話を聞いてくれる人が何人いるか」ということです。どんな商品を扱っていたとしても、見込み客がいなければ話になりません。先の顧客の4分類を思いだしてください。あなたが出会った人は、すべて潜在客です。そして何らかの反応のある人が見込み客になります。つまり話を聞いてくれる人です。
では「話を聞いてくれる人か否か」をどのように区別するのでしょうか?

**まずは難しく考えずに「話しやすい人」を見込み客の候補としてリスト化してみましょう。**一度しか会ったことがない人、親しくない同級生、知っているだけの医者や経営者もリストに入れていいでしょう。こうした人たちに、ハガキ、ニュースレター、メルマガなどで定期的に情報を提供していくのです。そこから反応があれば、本当の見込み客です。こうした活動をしないと見込み客は増えません。先方からすすんで見込み客になってくれることはありません。営業マンの活動で増やしていくのです。

## 見込み客を絶やさないための情報発信

**キーパーソン**……他の顧客を紹介してくれて相談にも乗ってくれる人。できる営業マンほど、多くかかえている

↑

**契約者**

↑

**定期的に情報発信していき、見込み客を絶やさない活動が不可欠**

**見込み客**……出会って反応がある顧客。この見込み客が減少すると営業活動がうまく回らなくなる

↑

**潜在客**……潜在客も溜めているだけではダメ。顧客リストを作成して出会った人が見込み客になるように仕向ける

※情報発信のやり方……ハガキ、ニュースレター、メルマガ（メール）、ウェブサイト、
セミナー開催など、あらゆる手段を組み合わせて使う

# 3-02

# 見込み客（候補）をリスト化しよう

## リスト化することで見えてくるもの

### ▼相手のことが気になってくるもの

名刺交換などで、集めたリストをどのように管理するかによって、営業の成績に大きな影響を与えることになることをまず知ってください。

まずはリストを管理するために「顧客リスト」を使うことをおすすめします。顧客リストには、まず、①キーパーソン、②契約者、③見込み客、などを入力します。

記入されているのは、知っている人、面談したい人、出会った人などです。既契約者も時間が経てば新たなニーズが出てきますし、それに応えることでキーパーソンになっていく可能性もあります。一度会っただけの人も、選択して見込み客の候補に入れていきます。**このリストが営業マンにとって必須の最重要な武器になります。**

入力を始めると、頭の中が整理され「この人にこんな話をしてみよう」と思いついたりもします。また「リストを見て気になったので電話をしたら仕事の話になった」というケースさえあるのです。顧客リストがあるのとないのとでは、後には大きな差になっていきます。

## 見込み客をリスト化する

### ●名刺交換などで集めたデータはリスト化する

### ●リスト化すると頭の中が整理される

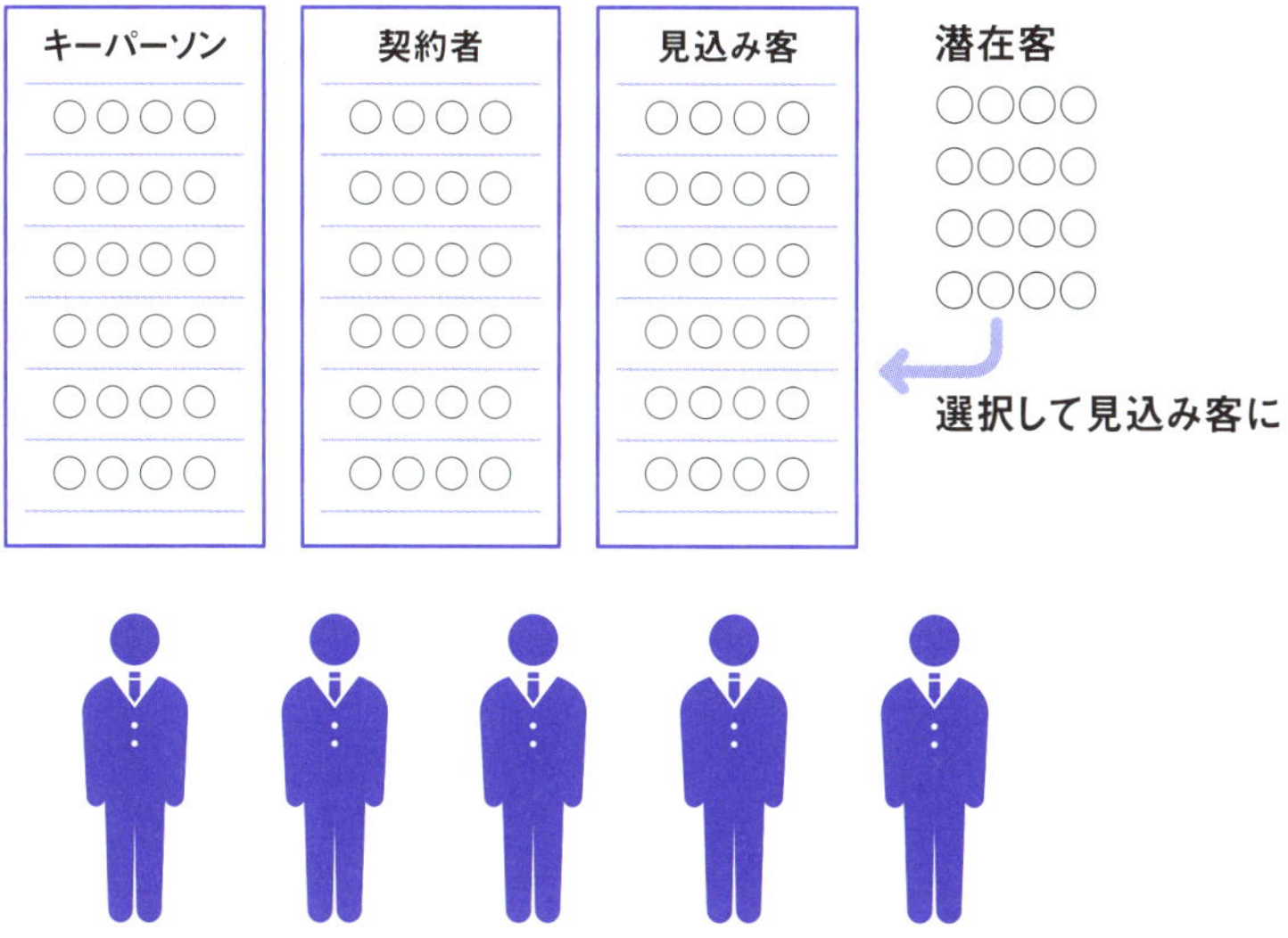

3-03

# 名刺は日付順に並べると意外と便利

名刺交換日付による整理法

## ▼名前を忘れても大丈夫

名刺交換をしてもらった名刺を漠然とフォルダに保存してはダメです。必ずリスト化していき、潜在客から見込み客へ、さらには契約者、キーパーソンへと変えていくのです。

一度出会った人を情報発信の前段階にフォルダに入れるとしても、「業種・会社別」「五十音順」などで保存すると、実は後で使いにくくなってしまいます。なぜなら、時間の経過とともに社名や業種が変わってしまうご時世ですし、五十音順は名前を忘れたら終わりだからです。そこで名刺の保存でおすすめなのは「変わらないもの」をキーワードにする方法です。それは、名刺を交換した日です。**ともかく名刺をもらったら、名刺に日付を入れて順に「月別」で保存します。**これだと次々と順番に入れていけばいいのです。いわば交換日付順整理法です。五十音別にして「あ行」が多くなるというように、フォルダのバランスが悪くなることもありません。取り出すときは、だいたいあの頃に会ったということを思いだせば見つかります。

## 名刺は日付順に並べる

●時間が経つと人の名前は忘れる

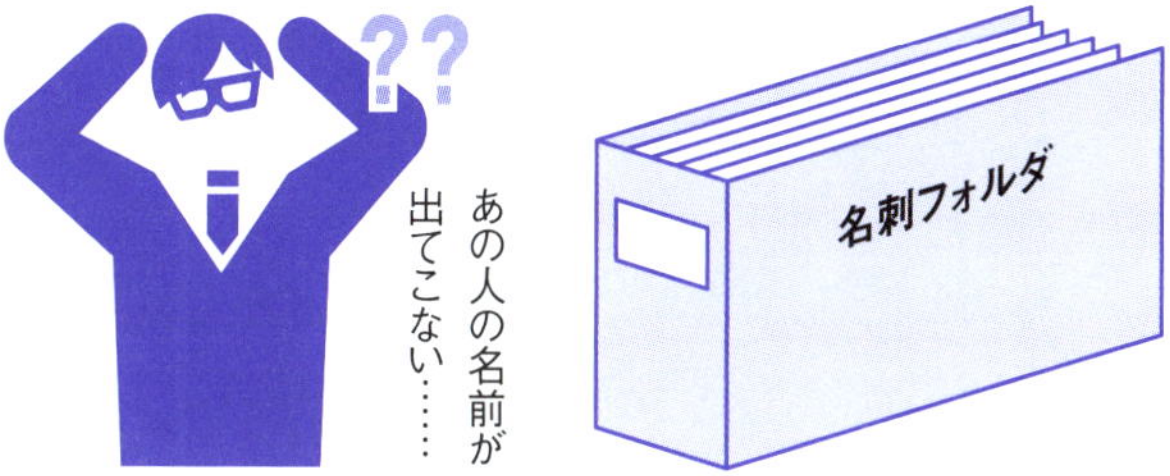
??
あの人の名前が出てこない……
名刺フォルダ

●名刺は日付を入れて月別に保存する

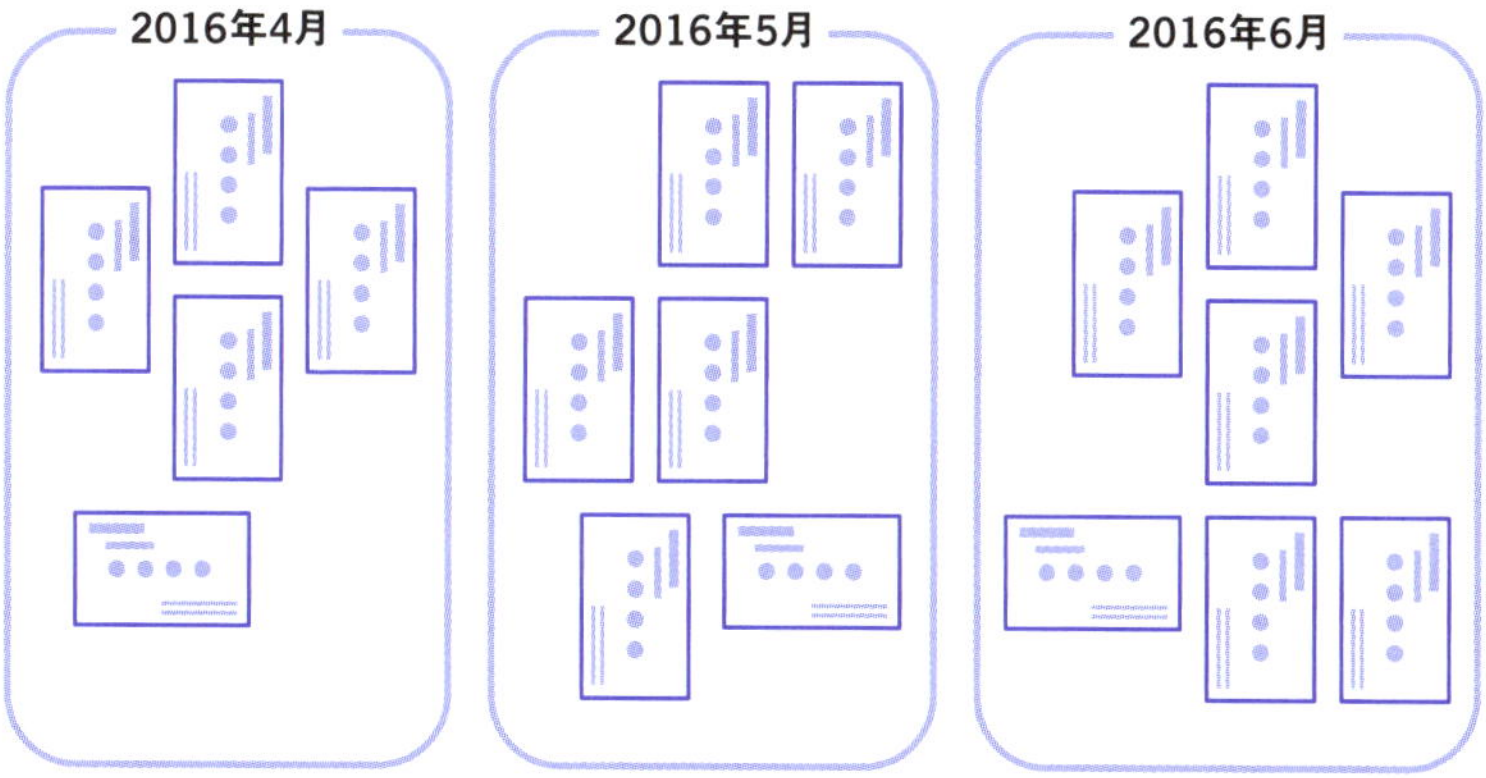
2016年4月
2016年5月
2016年6月

3-04

# 2度目に会ったときはやりとりを追加メモする

顧客リスト更新のすすめ

## ▼メールでのやりとりで気を配る

名刺管理を営業時間を削ってまでするのは時間のロスです。しかし交換日付順の管理なら、仕分けして入れる必要がなくスピーディです。さらに、その月に会った人の数（活動量）が名刺フォルダ等の厚みでわかるというメリットもあります。

人は1回の面談でその人の名前をすべて覚えることは難しいものです。しかし「あの人に会ったのはいつごろだった」というのはうろ覚えでも案外覚えているもので、その特性を活かしたやり方です。**また顧客リストにフォロー記録の欄を設け、初回以降にも会ったなら、その後のやりとりを記録することも大切です。**

そして名刺にメールアドレスが載っていたら、それを顧客リストに追加しましょう。定期的に情報を送ることで接点を持つことができます。アドレスがないときは、時候のハガキを送る際に「近況にお変わりなどありましたら、私のメールアドレスにメールをいただけますでしょうか？」などと、返信を自分のメールにしてもらうようにすることもポイントです。

## 顧客リストの管理

**●顧客リストのもとになる顧客データ（一例）**

**顧客ごとにデータを更新・管理して、全体のリストを作る**

| | |
|---|---|
| 花田《ハナダ》　敬《タカシ》 | イーエフピー（株）代表取締役 |
| 住所　〒 | 電話番号 |
| メールアドレス | 携帯電話 |
| ホームページURL | 誕生日 |
| ○○年○○月○○日 ○○氏の紹介で名刺交換（N社にて） | |
| 年　月　日 | |
| 年　月　日 | |
| 年　月　日 | |
| 年　月　日 | |
| 年　月　日 | |
| | |

（インターネット上で管理できるツールもある）

**2度目以降のやりとりもフォローする**

# 3-05

# 古い名刺も残しておこう

## 顧客とのつながりの歴史

### ▼過去のことも話題にできて話がはずむ

いろいろな情報が入っている顧客リストを眺めてみると、不思議と連絡を取りたくなってくるものです。営業活動をしていればアポイントがキャンセルになったり、予想外に時間が空いたりします。そのようなときにゆっくり眺めてください。そして、「なにかお変わりはありませんか」と連絡を入れてみることも効果があるものです。

**また名刺は同じ人から再度もらった場合は差し替えるのではなく、今回の分として新たに日付を入れて保存しましょう。**前回が「課長代理」で今回が「課長」だったり、前回が「法人部」で今回が「企画部」だったり、と変わっていることもあります。人には、ときの流れに応じて何枚もの名刺があります。一度捨ててしまうと顧客との関係の歴史が見えなくなってしまうのです。

捨てずにキチンと管理していれば、久しぶりに訪問しても、「過去の名刺」時代のことまでも覚えていてくれたとあって、会話がはずんで好結果につながることがあります。

## 顧客との歴史を作っていく

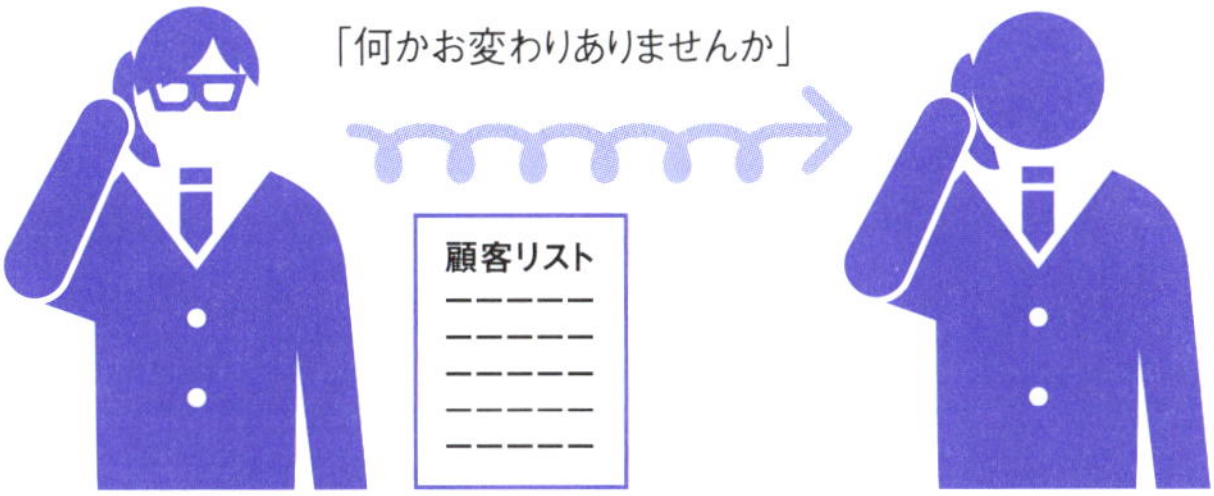


●顧客リストを眺めていると、連絡を取りたくなるもの

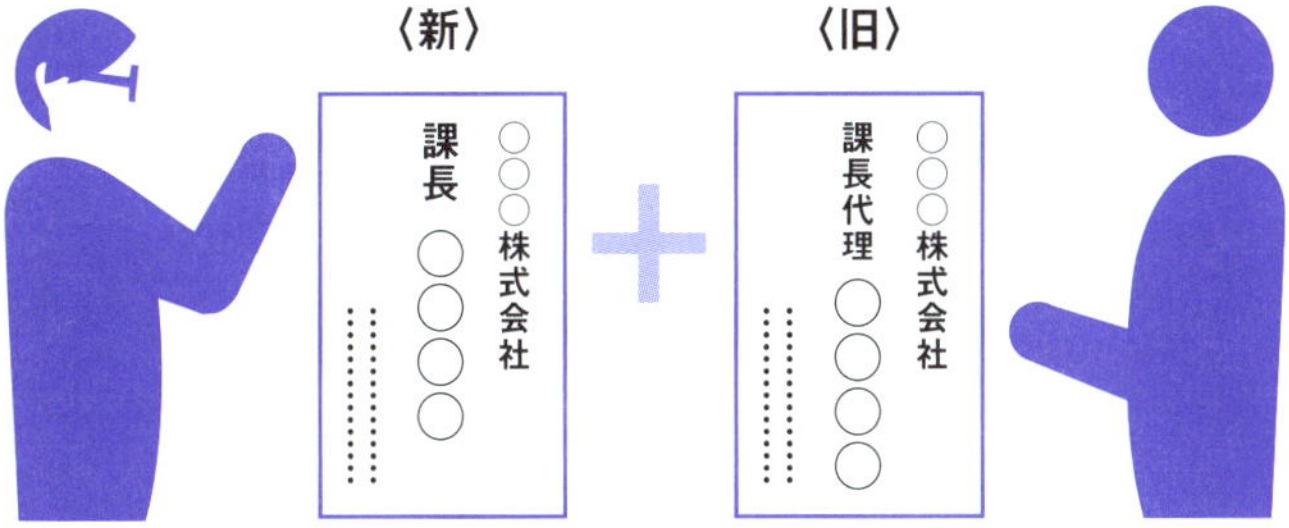


●古い名刺も捨てずにとっておくと「あの頃」の話もできる

**会話がはずんで好結果につながることもある**

# 3-06

# 顧客の「身近な人」になる工夫

## 営業場面での「ナースコール」

### ▼定期的な接触で身近な人になる

営業というと〝こちらから売りに行く〟というイメージが強いですが、必ずしもそればかりではありません。顧客から頼まれる場合も多いのです。そうなるためには仕掛けが必要です。一般的に商品やサービスが顧客にとって「いつか」は必要になるものなら、なおさらです。そのときに声をかけてもらえるように準備をするのです。

そのためには訪問、手紙、メールなどで定期的にコミュニケーションを図ることが不可欠。これまで「出会った人」以外からは何もきません。そして提供する情報に反応して連絡してもらったとき、見込み客になったことがクリアになるのです。

私は**顧客から連絡がくることを「ナースコール」**と呼びます。営業の場面でも意図は同じです。営業マンに用事があるから顧客からコールがくる。これが多いほど、成果が上がります。呼ばれるには、定期的な接触で顧客の「身近な人」になる必要があります。またそうしておけば、次項以降で解説するアポイントとアプローチもスムーズになります。

## 顧客からの「ナースコール」をうながす

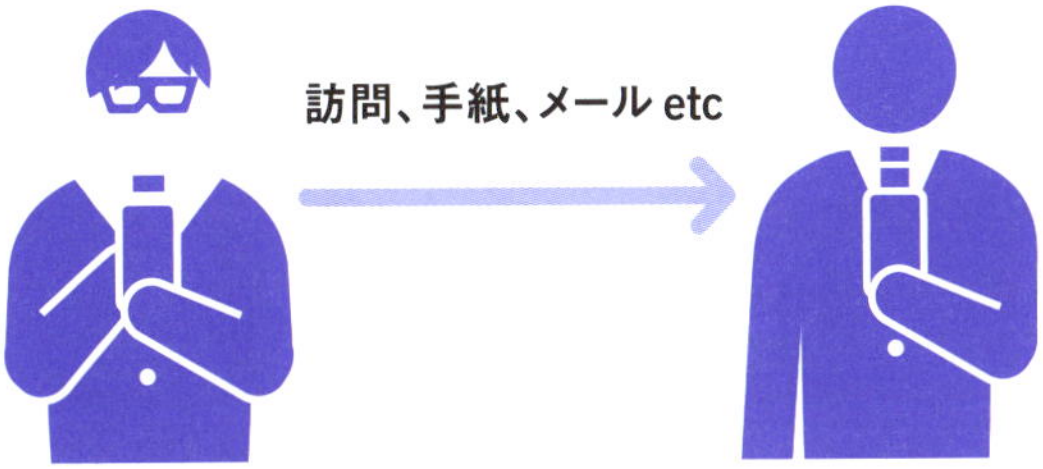


●「いつか」必要になる商品やサービスなら、
そのときに声をかけてもらえるように日頃から準備する

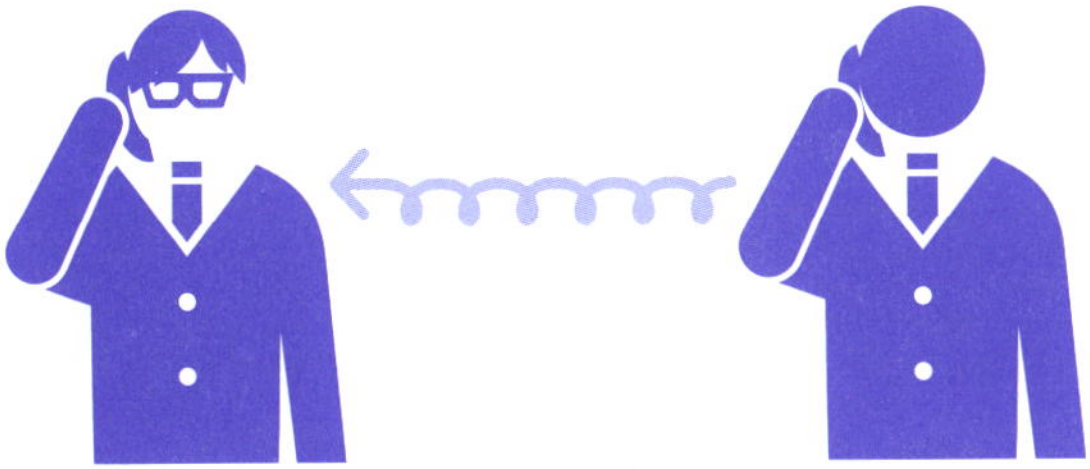

●顧客からの連絡「ナースコール」が多いほど
成果は上がる

**こちらから売りに行くばかりが営業ではない**

# 3-07
# セミナーを開催して情報を発信する
## 見込み客を集客する方法

### ▼認識され、信用も得られる

顧客リストがある程度増えたら、その顧客にむけてセミナー開催をするというのもひとつの方法です。かつて私は出入りしていた税理士事務所の所長と親しくなり、セミナー（講習会）の講師を引き受けました。もちろんメイン講師は税理士さんで、私のほうは付録扱いで30分ほど「保険の活用」について話をしただけでした。ところが、その後で、来場された方から「もっと詳しく聞きたい」と電話があり、その方の自宅を訪ねました。その方は医院の奥さんで、契約をいただくとともに知人を紹介してくれました。

このとき、**セミナーを開催する（講師をする）ことで、一気に多くの見込み客を集客できる**と悟ったのです。集客だけでなく、次項でみるようにアポイント、アプローチを同時に行なっているともいえます。講師として話（情報提供）をしますから、その時点で私が認識され信用も得られます。後は、個別相談に乗ればいいのです。もし即契約にならなくても来た人々は見込み客になります。

## セミナーで見込み客を一気に増やす

●セミナー講師をすることで
集客、アポイント、
アプローチまで
同時に行なうことができる

●セミナーで情報発信して
自分を認識してもらう。
信用が得られれば、
個別相談に移ることもできる

## 顧客リストが増えたら、セミナーを開催することも

## 3-08

# 顧客から依頼があり来てもらう

### アポイントの4パターン

▼顧客から「相談したい」と思われるようになる

アポイントとは、見込み客と電話などでコンタクトをとることで、状況は次の4パターンに分けられます。通常、一番多いのが①のパターン。個別に会う場合で、最も効率的なのは④のパターンです。

①自分から面談を依頼し、見込み客に会いに行く
②自分から面談を依頼し、見込み客に来てもらう
③相手から面談の依頼があり、見込み客に会いにいく
④相手から面談の依頼があり、見込み客に来てもらう

④のやりとりは、「さっそくですが、9月8日のご都合はいかがでしょう。一度私のところでお話ししませんか。こちらには保険に関する情報や書類も揃っていますので、どんなご相談でも即座にお答えできると思います。」——**セミナー開催などを通してあなたの価値が高まり、顧客から「相談したい」と思われるようになれば、④のパターンが増えていきます。**

## 顧客に来てもらうのが一番効率的なアプローチ

| アポイントの4パターン | |
|---|---|
| 1 | 自分から面談を依頼し、見込み客に会いに行く |
| 2 | 自分から面談を依頼し、見込み客に来てもらう |
| 3 | 相手から面談の依頼があり、見込み客に会いに行く |
| 4 | 相手から面談の依頼があり、見込み客に来てもらう |

4が最も有利なアポイントの取り方だ
なぜなら――時間が節約できるし、準備をして待っていればいい
→コンサルティング営業のパターンである。最初は多くが1で開始するだろうが、経験を積めば4を増やせる。そうなるには、見込み客との接触回数を増やしていき、できるだけ顧客の「身近な人」になることである

# 3-09

# 会うときはまず顧客の警戒心をとく

## アポイントでのスキル①

### 「情報提供をするのだ」と自分に誓う

アポイントをうまくとるには、ポイントがあります。まず最初が顧客の「警戒心をとく」ことです。そもそも潜在客は営業マンに対し「売り込まれるのでは」という警戒心を持ちます。ですから、その不安をあおるようなことを言ってはいけません。「いい商品が出たので、一度、話を聞いてもらえませんか」という言い方では、いかにも売り込む印象が強くなります。相手はすかさず、いかに断ろうかと考えてしまうでしょう。

会うのはあくまで「情報提供のため」と肝に銘じてください。たとえば、住宅の営業マンなら「最近、地震が多いですよね。お住まいの地震対策で、ぜひお耳に入れたい情報を仕入れたので、15分だけお時間をいただけませんか」といったトークがいいでしょう。

それでも勘のいい潜在客は、セールスだろうと思うかもしれません。ここで営業マンとしては、**本心から情報提供をするのだと自分自身に固く誓うようにしてください。**その心が揺らぐと表情に出てそれを相手に見抜かれ、成功はしません。

## アポイントは情報提供が第一に

×

「新商品が出たので、
話を聞いてもらえませんか」

○

「お耳に入れたい情報を
仕入れたので、15分だけ
お時間いただけませんか」

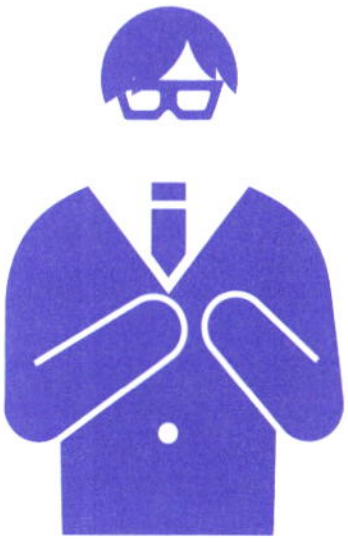

●顧客への情報提供に
徹するのだと自分自身に
誓うように言い聞かせる

**「警戒心をとく」ことがアポイントを
うまくとるポイント**

# 3-10

# 面談に要する時間をはっきり伝える

## アポイントでのスキル②

### ▼日時の提案もこちらから二者択一で

電話等でアポイントをとる際、「耳寄りの情報がありますので、15分だけ時間をいただけないでしょうか」と、**面談に要する時間を、その時点ではっきりと伝える**ことも重要です。

顧客にどれだけ時間がかかるのか、忙しいのに1時間もとられるのではないか、と思われたら、なかなか会ってくれません。そこで「15分」という時間をはっきり伝えます。

実は、この**15分という時間設定もひとつのコツです。**なぜならふつうの人は、だいたいスケジュールを1時間単位、忙しい人でも30分刻みで立てるものです。ということは15分の時間をもらっていれば、実際は少なくとも30分の時間を確保したことになります。

また面談の日時を決めるとき「いつがよろしいですか」と聞く人も見かけますが効率的とはいえません。なぜなら、急ぎの用事ではないアポイントとなると、なるべく後のほうを選択するからです。それよりも「○月7日午後3時と、9日午前11時とでは、どちらがご都合がよろしいでしょうか」という**二者択一法が決まりやすいし、主導権も握れます。**

## 面談のアポイントは主導権を持って

「15分だけ
お時間いただけ
ないでしょうか」

●面談に要する時間をはっきり伝える
●実際には30分確保したことになる

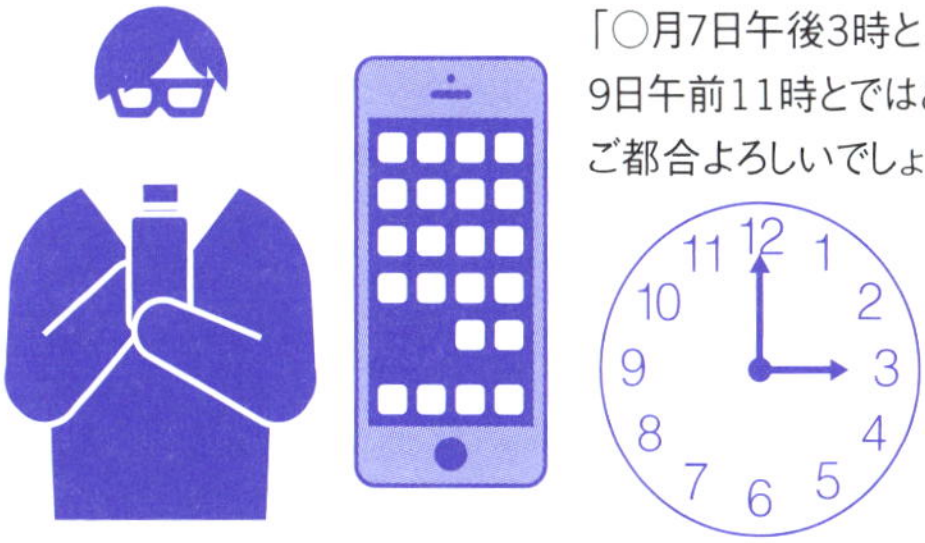
「○月7日午後3時と
9日午前11時とではどちらが
ご都合よろしいでしょうか」

●面談の日時を決めるときは、
二者択一で選んでもらう

**15分の時間設定は、実際には30分確保したことに**
**15分もらえれば30分確保したことに**

## 3-11

# 断りに対する反対話法を用意しておく

### アポイントでのスキル③

## ▼「商品の販売ではありません」

営業マンならアポイント段階で、すぐ断られた経験があるはずです。しかし、こうした断り方には、よく似たパターンがあることに気づきます。たとえば、

「今は買う予定がないから……」

「生命保険なら目いっぱい加入しているので」

などです。

こうした台詞には**反対話法（応酬話法）を用意**しておきます。

前者では「今すぐご購入いただくというお話ではありません。興味深い情報をお伝えしたいだけです」「**商品の販売ではありません、お役に立つ情報があります**」と、あくまで情報の提供を強調し、断りを踏まえたうえで、自分の話にはどういう意義やメリットがあるのかを説明することがポイントです。繰り返しますが、日頃から、**メールやハガキ、手紙、ＦＡＸなどで定期的に情報を提供していれば会える率は格段に高まります。**

## 反対話法（応酬話法）を用意しておく

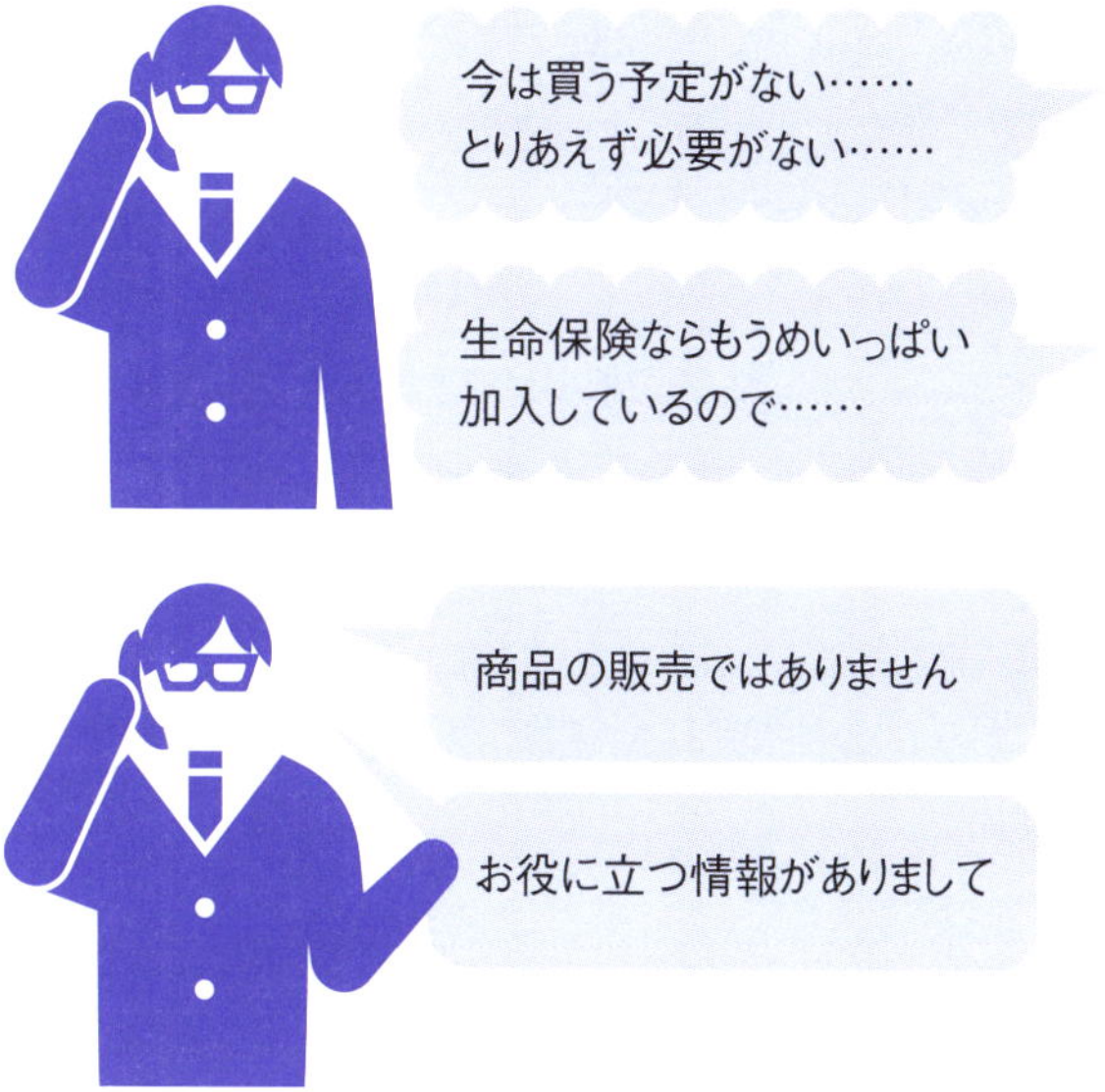
今は買う予定がない……
とりあえず必要がない……
生命保険ならもうめいっぱい
加入しているので……
商品の販売ではありません
お役に立つ情報がありまして

●メールやハガキ、FAXなどで日頃から定期的に情報提供すること

## 自分の話にはどういう意義やメリットがあるのかを説明する

# 3-12

# 反論せずに相手との接点を作る

## アポイントでのスキル④

### ▼イエス・バット法で相手の否定をかわす

住宅営業でいうと、「自分はずっと賃貸でいい」という顧客も多いでしょう。保険営業では「保険とかいったものは、そもそもきらいです」などと言われるかもしれません。

そんなとき、「そうはおっしゃらずに、お客様、ぜひに」などと反論してもうまくはいきません。ここは押すのではなく引いてみます。

**「実は、私もそうなんですよ」**と合わせてしまいます。これで相手との接点ができます。いったん接点を作ってからこう続けます。「いや、そうだったというべきでしょうか。いろんなことを勉強していくうちに考えが変わりましてね」

と続けるのです。こういう方法を**イエス・バット法**といいます。いったん自分もそうだったと受け入れた後で、「しかしいろいろと勉強をしてみたら、こういうことがわかってきました」と、あくまで相手の立場を否定することなく、その後、自分がメリットを得たことを匂わせます。そうすると「そうか、話だけでも聞いてみようかな」となることがあります。

## 反論せずに相手との接点を探る

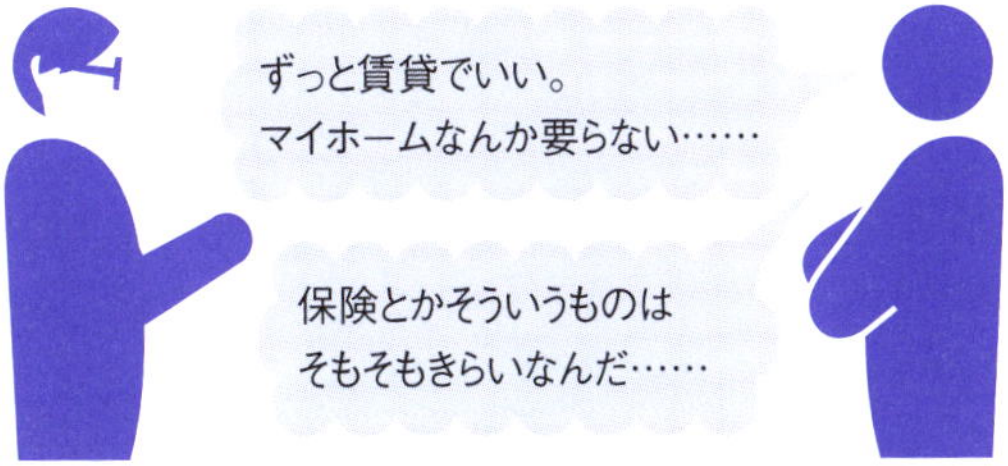
ずっと賃貸でいい。
マイホームなんか要らない……
保険とかそういうものは
そもそもきらいなんだ……

●「そうおっしゃらずに、お客様、ぜひこれを……」
などと反論せずに――

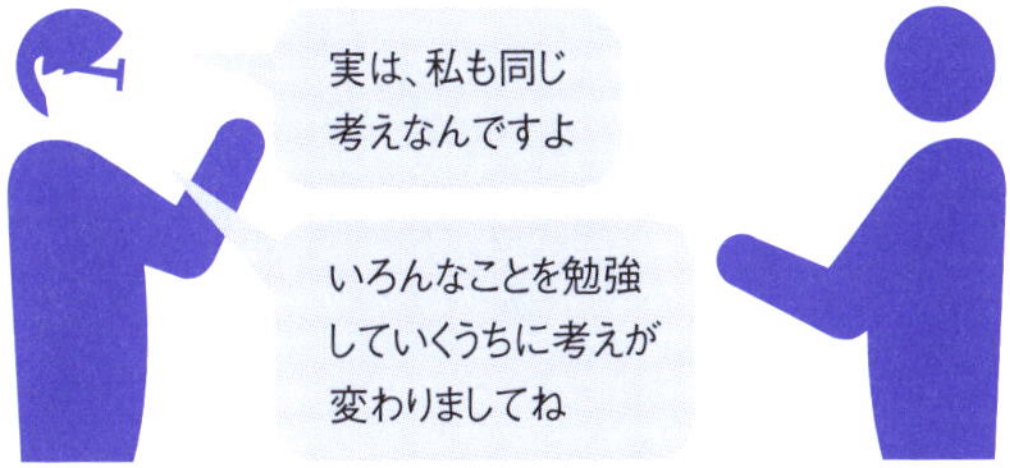
実は、私も同じ
考えなんですよ
いろんなことを勉強
していくうちに考えが
変わりましてね

●相手を否定せずに引いてみる＝イエス・バット法

## 「話だけでも聞いてみようかな」と思わせる

# 3-13

# 自分の言葉で正直に話すほうが信頼を生む

## アポイントでのスキル⑤

### ▼身近な人とは信頼される人

新人営業マンが「借りてきた言葉」で話し出しても、薄っぺらな印象を与えてしまうでしょう。あくまで実体験に即した話が有効です。借り物の話は誰でもできます。しかし、あなたの体験したことは、あなたにしか話せないのですから、とてもリアルに響くものです。

そうはいっても、営業がまったく初めてという人の場合、体験談であってもとんちんかんな話になりかねません。そこでどうするか。もし本当にアポイントを初めてとっているというなら、いっそのこと「実は、私が電話するのは、お客様が初めてなのです」と正直に話すほうが、好感をもたれます。正直であることが、信頼を得るのです。**再三、顧客の身近な人になれといってきましたが、それは信頼されるということと同じなのです。**

なお既存の契約者には、商談の目的をはっきりと伝えましょう。ここは「新商品のご紹介をしたいのですが」でいいわけです。ただ、すでに契約者だからといっても、日頃、情報提供をしておくことは必要です。何の連絡もしていないと、うまくいかないこともあります。

## アポイントのスキルのまとめ

**❶警戒心をとく**

「ぜひお耳に入れたい情報を仕入れたのですが、いかがでしょう」

**❷面談時間をはっきり伝える**

「15分だけお時間をいただけないでしょうか」

**❸日時はこちらから提示する（二者択一法）**

「○月7日午後3時と9日午前11時とでは、どちらがよろしいでしょうか」

**❹断りに対する反対話法を用意しておく**

「今すぐご購入いただくというお話ではありません。
興味深い情報をお伝えしたいだけです」

**❺相手との接点を作る**

（保険は嫌いだ）「実は私もそうなんですよ」／イエス・バット法

**❻自分の言葉で正直に話す**

「実は、私が電話するのはお客様が初めてなんですよ」

**❼既契約者には目的を明確に告げる**

「新商品のご紹介をしたいのですが」

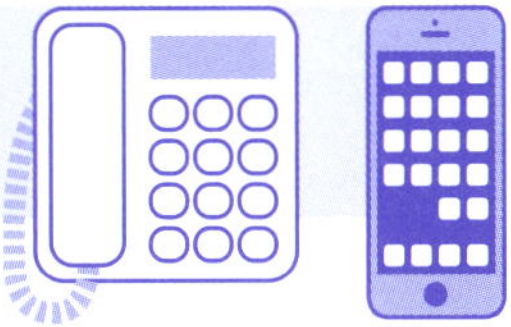

## 3-14

# アプローチで見込み客の心を開かせる

### アプローチのポイント①

### ▼省いている人が多いが、最重要と心得る

アポイントの次は営業マンにとって最も大切な面談です。そしてヒアリング→プランニング→プレゼンテーション→クロージングへと続く面談で、最初に行なうのがアプローチです。セールスプロセスの中でも、**最もハードルが高いのが、アポイントからアプローチへのステップです。**しかし、現実にはアプローチと聞いてもピンとこない人も多いでしょう。それだけアプローチ段階を意識していないか、省略しようとしているのです。これを飛ばすとうまくいかない例が多いので注意してください。

アプローチとは**「より相手に近づくこと」**と定義できます。ポイントは、あなたという営業マンを通じて見込み客の「心を開かせる」、「この人には、いろいろと聞いてみたり話をしたりしてもいいかな」と思ってもらうという点です。このポイントをクリアしてはじめて、次のヒアリングが可能になるのです。ですからこの作業を省いてはいけません。このアプローチ段階をしっかりと意識し、その後の商談がスムーズにいくようにもっていくのです。

## アプローチとはより相手に近づくこと

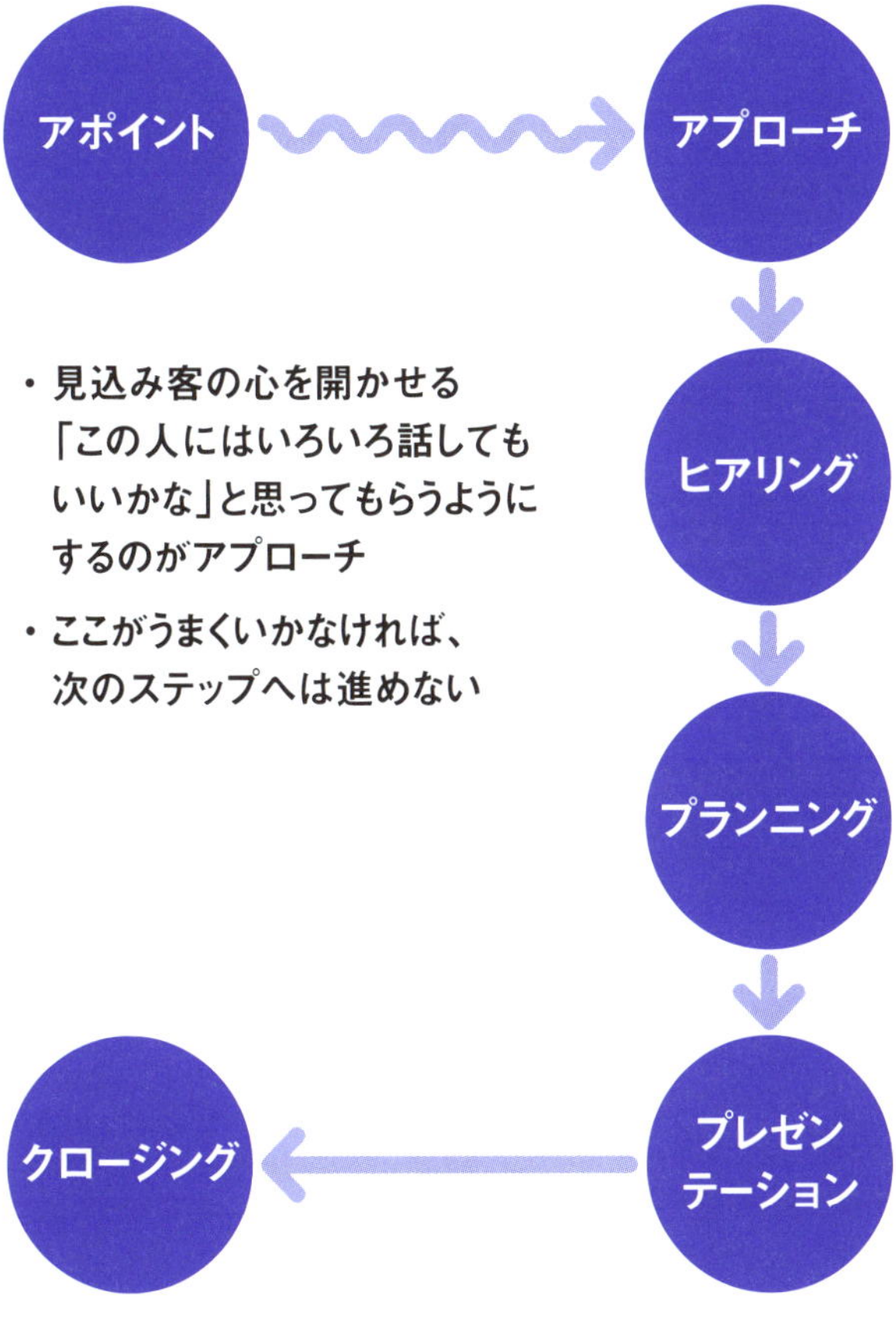
アポイント
アプローチ
ヒアリング
プランニング
プレゼンテーション
クロージング
・見込み客の心を開かせる「この人にはいろいろ話してもいいかな」と思ってもらうようにするのがアプローチ
・ここがうまくいかなければ、次のステップへは進めない

●アポイントからアプローチへのステップが最も ハードルが高い

3-15

# まずは自社の紹介から入る

## アプローチのポイント②

### ▼顧客はあなたの会社を知らない

では、具体的なアプローチのポイントを見ていきましょう。

顧客に会うなり、商品の説明から始めたのではだいたいが失敗します。すでにアポイントをとったときに自社の名前は告げているため、**「わが社のことを知っているはず」と思うのは間違いです。**超有名企業ならともかく、ほとんどの会社の場合、相手は知らないものとして、まずは自社の説明をするべきです。

たとえ名前が知られていても、顧客は会社の成り立ち、扱っている商品の細部までは知らないものです。ライバル会社の商品と混同しているケースもよくあります。私などはソニー生命時代には、「テレビを売りにきたの？」と何度も言われました。

「○○社をご存知ですか？」と始め、「現在では、こんな事業をやっているんですよ」と話を進めます。新しい会社なら「○○年に設立して、こういう事業を中心にやっております」という程度でかまいません。最初に自分の会社のことを話さないと、信頼が得られません。

## まずは自社の説明から始める

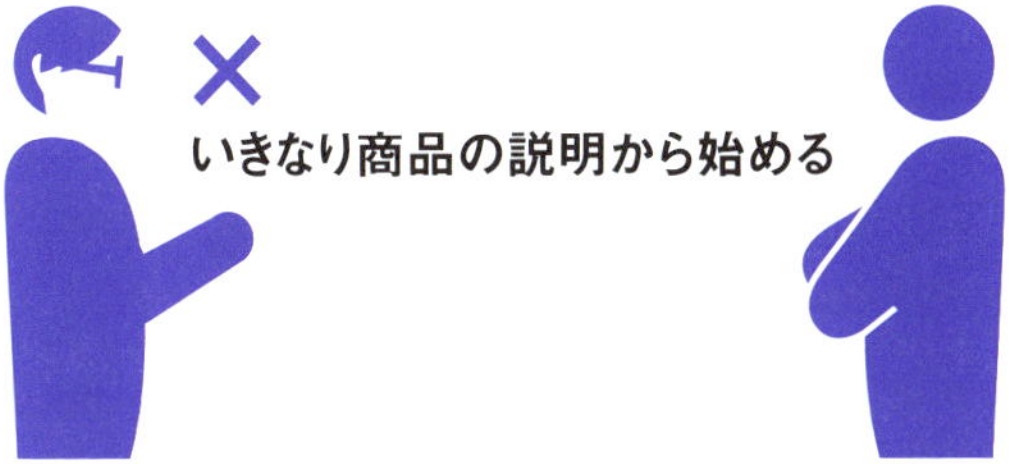

×
いきなり商品の説明から始める

●相手は自社のことを知らないという前提で

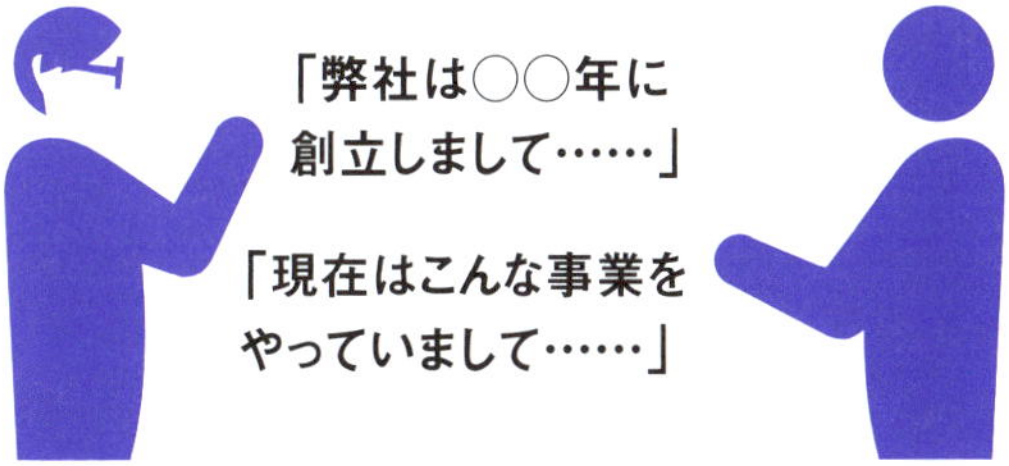

「弊社は○○年に
創立しまして……」
「現在はこんな事業を
やっていまして……」

●自分の会社の紹介をきちんとしておかないと、
信頼が得られない

**「わが社のことを知っているはず」と
思うのは間違い**

## 3-16

# 相手の心を開かせるには質問系から入る

### アプローチのポイント③

### ▼「なるほど」という感触を引き出す

営業マンは、経験を積むにつれて豊富な商品知識を持ち、流暢なセールストークを身につけていくものです。しかし、なまじ経験があるだけに、相手が話を聞く姿勢になる前からその「得意技」を披露する人がいます。**アプローチの段階ではふさわしくありません。**

生命保険でいうと、私なら「**保険と聞いてどう思いますか？**」というトークでアプローチに入っていました。だいたいが「関心ないね」と答えます。そこで私は「そうですよね」と同調したうえで「**でも、保険にはお入りでしょう。その内容はわかっていますか？」と質問をします。**するど「いやあ、そういえば」と声が小さくなるのです。その後、こう続けます。

「月々3万円の保険料を払うと、年間で36万円、30年だと1000万円を超えます。まさに高い買い物です。わからないまま契約というのも、不用心な話だと思いませんか？」

相手は「うーん、なるほど、たしかに」と、少しずつ話に引き込まれていきます。少しでも「なるほど」という感触を引き出すことができれば、距離感はグッと縮まるのです。

**相手に話をさせることで、距離感が縮まる**

ペラペラペラ……

●最初から流暢なセールストークでは相手は引いてしまう

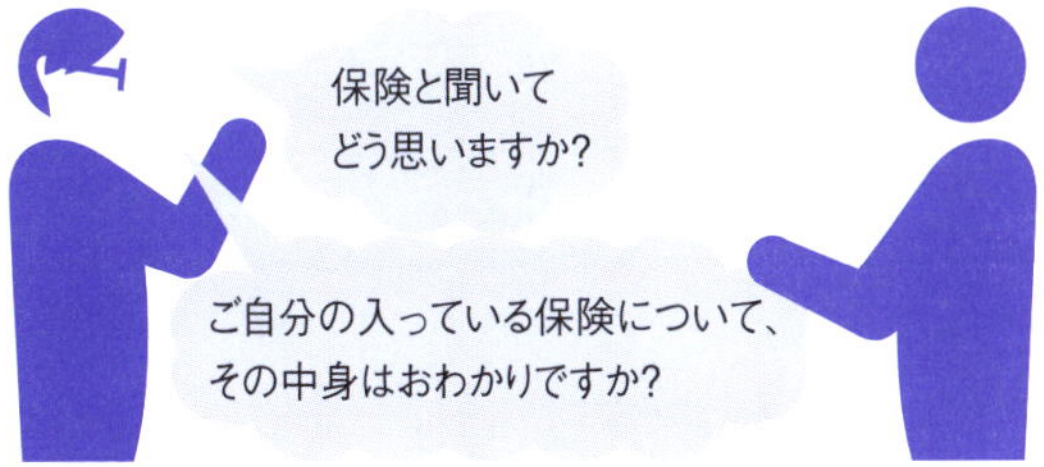
保険と聞いて
どう思いますか?
ご自分の入っている保険について、
その中身はおわかりですか?

●かんたんな質問から始めて、引き込んでいき、
相手に話してもらうようにする

**「なるほど」という感触を引き出す質問を**

# 3-17

# 商品情報ではなく周辺情報を伝える

### アプローチのポイント④

## ▼雑学ネタ、トリビアでも顧客の身になって集める

アプローチで効果的な手法が、商品の周辺情報を話すことです。ここで、**商品情報と周辺情報とは違う**ことに注意してください。自動車の例でいえば、「燃費がいい」とか「カーナビシステム搭載」など、その車に備わっている機能や特徴が商品情報です。それに対して周辺情報は「1日1時間の自動車通勤でガソリン代はいくらになり、燃費の違いで、月々どのくらいの差が出るか」という情報です。いわば商品にまつわる面白ネタ、雑学ネタといっていいでしょう。住宅営業ならこうです。「今の住宅ローンの金利がいくらかご存知ですか。最近では頭金も国や地方自治体が補助してくれるところが多く、全部合わせたローンの支払額が、賃貸の家賃より安いなんてこともよくあるんですよ」。つまり、その業界にいるからこそ知っている耳寄りな話です。相手がほしがっているのは、この周辺情報のほうです。営業マンは常に周辺情報をストックしておくことです。こうしたトークの反応で、顧客の生の声やニーズを拾うことができ、ヒアリングへとつなげていくのです。

商品そのものよりも周辺情報を伝える

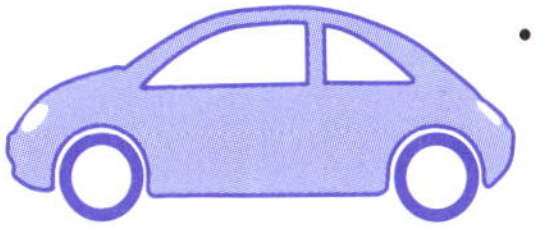

・1日1時間の車通勤でガソリン代がいくらになり、燃費がこれだけ違うと月々どれだけの差が出るか……

・住宅ローンはこれだけですし、頭金も国や自治体が補助してくれるところもあって、ローンの支払額が賃貸の家賃より安いということもありますよ……

●顧客のほしい周辺情報をいつもストックしておけば、顧客の真のニーズも探り出せる

## その業界にいるからこそ知っている耳寄りな話

# 3-18

# 反応が悪い人には「例話法」を使う

アプローチのポイント⑤

## ▼「○○さんも同じことをおっしゃっていました」

アプローチの最初または途中で、相手の反応がいまひとつの場合には**「例話法」が効果的**です。住宅でも車でも「うちは聞く必要はない」という態度をとる人もいるでしょう。こういうケースでは、過去に同じような反応をした人がいたという事例を出すことが一番です。しかも、その人が有名人だったり相手の知り合いだったりするとなおさら効果的です。

**「お客様を紹介してくださった○○さんも、最初はまったく同じことをおっしゃっていましたよ」**と言えば、「ああそうなの」と食いつかせることができます。

そうしておいてから、前項で説明した周辺情報を流せば、話を聞いてくれるようになります。たとえば「今すぐ買っていただくためのお話ではないんですよ」と断っておいて、「普段から情報を得ているなら、いざ購入するときに必ず役立ちます」「いずれは買う（買い替える）なら、知っておいて損はしません」「情報を入れるだけなら、費用はかかりませんでしょう」というフレーズでアプローチしましょう。

## 顧客の知り合いや有名人の「例話」がものを言う

お客様をご紹介いただいた
○○さんも、最初はまったく同じ
ことをおっしゃっていましたよ
今すぐ買っていただくための
話ではないんですよ
いずれお買いになるなら、
知っておいて損はしません

●相手の警戒心をといて、話を聞いてくれるようにもっていく

**相手の反応がいまひとつの場合には「例話法」が効果的**

# 3-19

# 「持っているからいらない」は見込みあり

## アプローチのポイント⑥

### ▼そもそもの購入動機を引き出す

顧客に購入動機を気づかせるのも、アプローチ段階での作業です。断り文句の代表が「すでに持っている」です。返答は一見、当然に思えます。しかしそこで「では、またの機会に」とすごすご退散するようではいけません。なぜなら、今持っている商品が、本当に顧客のニーズを満たしているとは限らないからです。

**まず把握すべきは、顧客が「なぜその商品を買ったのか」という購入動機です。**

たとえば、いまの車がセダンだとしましょう。その購入動機は「独身時代は軽自動車だったけど、結婚を機に家族用にセダンに換えた」などとわかるでしょう。そこでいま、2人の子供がいたらどうなるでしょう。今のセダンでは狭くて不満なはずです。あるいは、以前は快適性とかカッコよさを購入動機としていた人が、収入が伸び悩んできたとしましょう。その場合は、機能や価格、燃費などを中心に、すすめる商品を見定めればいいわけです。すでに持っている場合は、**購入動機を引き出すことで、いまのニーズをクリアにできる**のです。

## 「すでに持っている」と言われたら

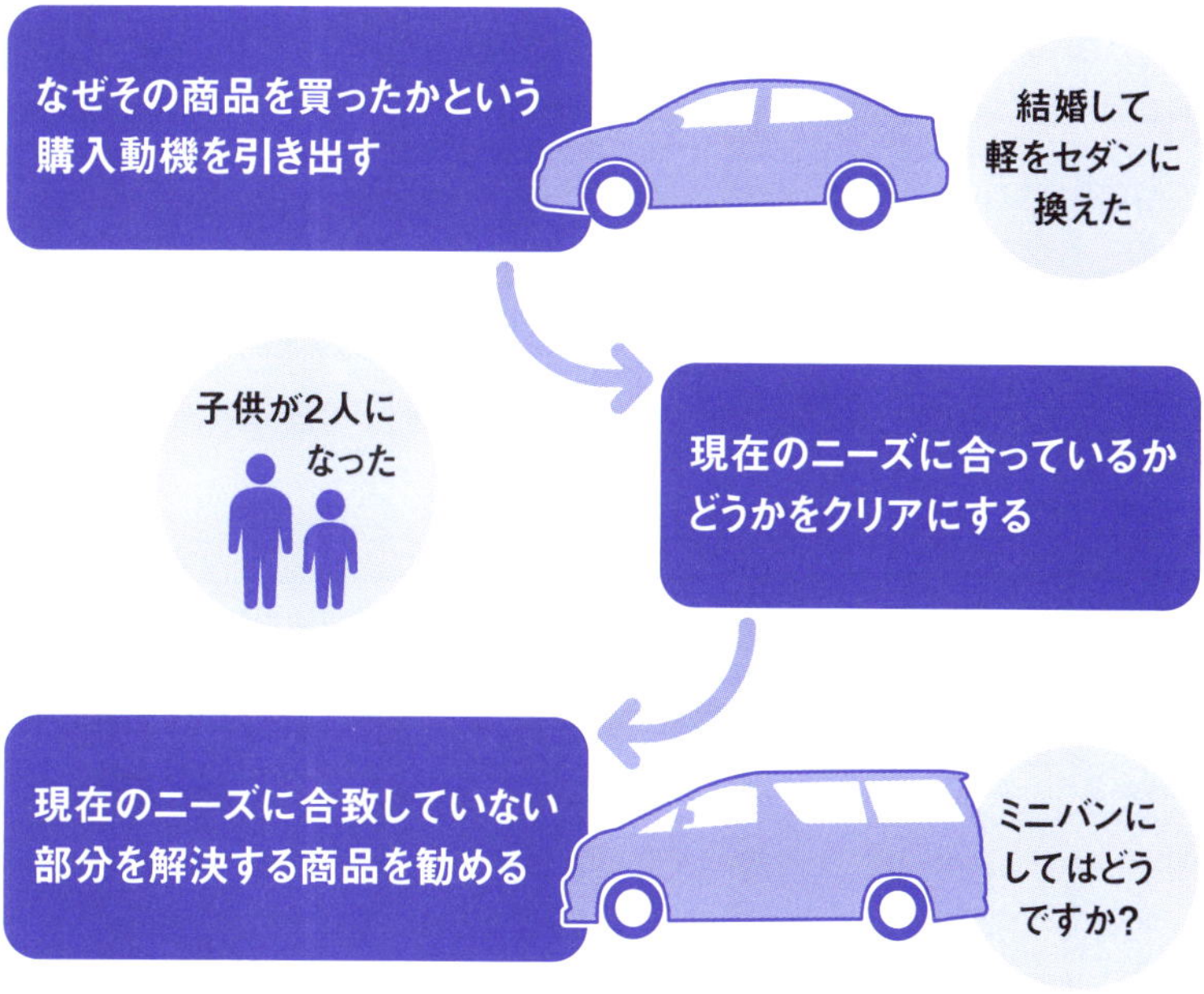
なぜその商品を買ったかという購入動機を引き出す
結婚して軽をセダンに換えた
子供が2人になった
現在のニーズに合っているかどうかをクリアにする
現在のニーズに合致していない部分を解決する商品を勧める
ミニバンにしてはどうですか?

●購入動機を引き出すことで、今のニーズがはっきりする

**今持っている商品が、本当に顧客のニーズを満たしているとは限らない**

## 3-20

# 真の動機を探るには商品機能をばらしてみる

アプローチのポイント⑦

### ▼購入の目的を満たしているかどうかを確認する

顧客が現在持っている商品で満足しているかどうかを明らかにするには、商品全体を説明するのではなく、**各機能にばらしてみる方法**もあります。顧客が何を重視しているかが見えてきます。保険にも、いざというときの死亡保険、入院や手術に対する医療保険、貯蓄性の保険など、さまざまな特徴を持った商品があります。自動車でも、税金が安い軽自動車もあれば、長距離向き、家族向き、スポーツカーといったようにタイプはさまざまです。たとえば保険で「若いときには、よくわからず入ったけど、いま思うのは貯蓄性が高いほうがいい」というなら、それに合う商品に切り換える可能性が見えてきます。

商品をばらしてみて、各機能の良し悪しや適不適について聞いていくことで、**何に満足して、何が不足なのかが見えてきます。**「今持っているモノ」で、当初の購入動機であった目的がすべて満たされているかどうか、時代も変わりニーズも多様化したため、不足な面が生じているのではないか、そう相手に気づかせれば、買い替える動機が芽生えるのです。

商品の機能をばらしてみると

| | |
|---|---|
| いざというときの<br>死亡保険 | 税金の安い<br>軽自動車 |
| 入院や手術にそなえる<br>医療保険 | 燃費のいい<br>エコカー |
| 貯蓄性重視の<br>養老保険 | 家族向きの<br>ミニバン |

- 商品を機能や目的によって分類し、
それぞれの適不適を聞くことで顧客のニーズが見えてくる
- 当初の購入動機を満たしているかどうかを
顧客に気づかせる

**顧客が現在持っている商品で満足していることかどうかを明らかにする**

# 3-21

# 無理ならアプローチ段階で見切りをつける

## アプローチのポイント⑧

### ▼契約者と良好な関係を続けるのが目的と知る

アプローチ段階で重要なのは、**「無理だと思ったら、早めに見切りをつける」**という意識です。意外かもしれませんが、これが効率を上げるコツです。時間をかけて、結果ダメだったということとほど無駄なことはありません。見切りをつけるなら面談の第一段階のときです。アプローチは「より相手に近づき信頼を築く」ことでした。もし、この先そういう関係になれそうにないなら、スパッとあきらめます。中には、簡単に見切るのは努力不足だと思う人もいます。しかし、そこは努力の方向を変えるのです。**「ねばったら契約がとれるのでは」と考えるのは、最終目的を「契約を交わす」ことだけ**においているからです。

私は、契約後も情報提供を続けます。ですから**契約者との良好な関係が続き、さらにはキーパーソンになり知人を紹介してもらえます。**ねばって無理に契約した場合、そうなるでしょうか。反対に難題をもちかけられて、時間のロスを生みストレスになることが多いのです。ねばる時間があったら、もっと自分を必要としている人に時間を使いましょう。

**契約することだけが目的ではない**

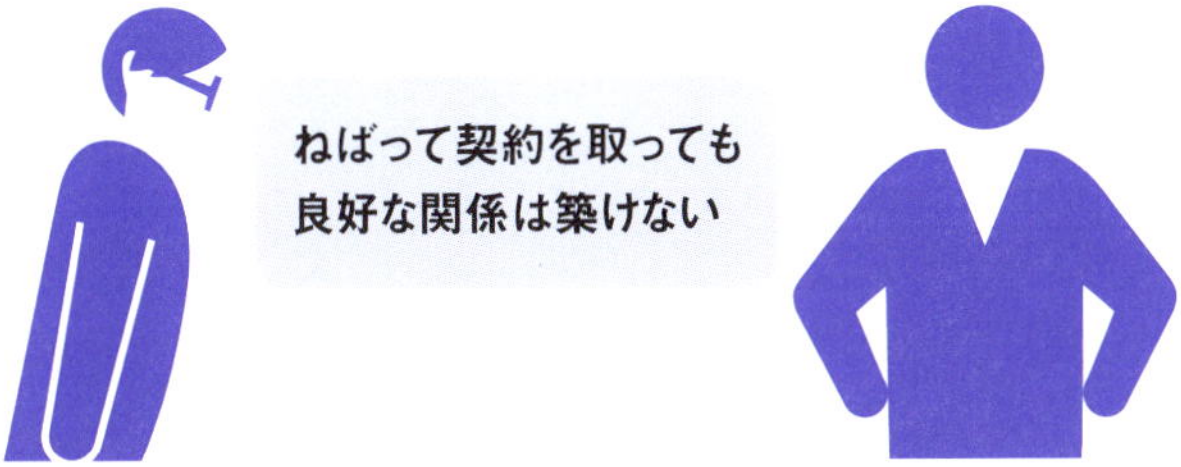
ねばって契約を取っても
良好な関係は築けない

●無理だと思ったら、早めに見切りをつける

●自分を必要としている人に時間を使う

**見切りをつけるなら面談の第一段階のとき**

# 3-22

# 見切りをつけたほうがいい典型的なサイン

## アプローチのポイント⑨

### ▼見込み客から潜在客にいったん戻しておくことも

見切りをつけるときは、「契約後もつき合うかどうか」という基準で判断します。すなわち個人対個人の関係によるのですが、そういう中でも「その後の進展が望めないな」と感じさせる具体的なサインはあります。

保険営業ならば、「親戚の保険営業マンがすでに話に来ている」という人は見切りをつけたほうがいいと思います。これは商談が停滞するというサインです。

ほかでは、何でも「知ったかぶりをする人」です。こういう人は、こちらが有益な情報を提供しても、「なるほど」「たしかに必要かもしれない」といった言葉は引き出せません。早々と切り上げるべきでしょう。ただし、あきらめるといっても、いつ相手の事情が変わるかもしれませんから、ニュースレター、メールでの情報送信などの情報提供は続けておきます。「見込み客」から「潜在客」にいったん戻しておけばいいのです。いつかまた新たな見込み客としてアプローチできるかもしれません。

## アプローチのポイントのまとめ

**❶まずは自社の紹介から**

「○○社をご存じですか?」

「○○年に設立して、こういう事業を中心にやっております」

**❷相手の心を開かせるには質問系で**

「生命保険と聞いてどう思いますか?」

**❸商品情報ではなく周辺情報を**

「今の住宅ローンの金利がいくらかご存じですか」

**❹反応が悪い人には「例話法」で**

「お客様を紹介してくださった○○さんも、
最初はまったく同じことをおっしゃっていましたよ」

**❺購入動機を探る**

**❻商品の機能をばらしてみる**

**❼無理なら、ここで見切りをつける**

コラム

## 一所懸命やっていてだめな理由 アプローチ周辺の往復にある

「私は毎日一所懸命、頑張って営業活動をしています。多くのお客様とアポもとり多くの人と話をしています」という営業マン。だけど成果が上がりません。BtoB 営業で多い例です。なぜでしょう。その人は、アポイントをとりアプローチで「最近は天気がいいですね」といった雑談はするものの具体的な商談の進展はなく「また来ます」と言って帰るのです。数日後再訪すると、先方に「担当窓口が、なかなか決まらなくて」と言われ、その後はゴルフの話になり、結局は翌週にゴルフのお伴を勧めます。しかし、その後も進展せず……。

ここでセールスプロセスを思い浮かべましょう。この営業マンは、実はアポイントとアプローチの間を行ったり来たりしているだけなのです。彼の言う「一所懸命」とは、その繰り返し作業にすぎません。

セールスプロセスで大事なことは、自分が今どの段階にいて、何が適切な行動かを判断することです。なかなかヒアリングにいけないのであれば、時間と労力を無駄にしているだけ。何らかの手段を講じて次のステップにいくべきです。セールスプロセスのステップを頭に入れずに立ち回っていることが問題なのです。

# 第4章

# 顧客の要望を満足させるヒアリング&プランニング

## 4-01

# 予算など聞きにくいことも聞く

### ヒアリングのコツ①

## ▼顧客と一緒によりよい提案をする

アプローチが終わり、相手との意思疎通が図れれば、ヒアリングが始まります。ヒアリングは「ファクトファインディング」（fact finding）ともいわれ、顧客の現状や要望を明らかにしていくことです。**この段階でうまくニーズを聞き出せず、もれが生じると、よいプランニングができません。**結果、クロージングもうまくいきません。クロージング段階で失敗する人は、ヒアリングでのミスが多いからといえます。

ヒアリングでは漠然とした要望だけでなく、収入・予算、家族の意向なども聞いていきます。「顧客と一緒になって、よりよい提案をしていく」という意識で臨んでください。

いかに優秀な営業マンでも、顧客の協力なしではいい提案はできません。ですから、正直な話を聞く必要があることを理解してもらいましょう。

「お客様のご要望に沿う提案をさせていただくために、いろいろとお聞きしていきます。少々お聞きしにくい内容もありますが、よろしいでしょうか？」といって始めます。

## 正確なニーズを引き出すためのヒアリング

アプローチで
顧客との意思疎通を
図る

→

ヒアリングで
顧客の現状や
要望を明らかにする
〈fact finding〉

↓

プランニングへと
つなげる

●クロージング段階で
失敗するのは
ヒアリングでのミスが原因

少々お聞きしにくい
内容もありますが……

●「お客様のご要望に沿う
提案をさせていただくために、
いろいろお聞きします」

ヒアリングのコツ②

# 4-02 「関係ない」と言われたらチャンス

## ひたすら聞くという態度が大事

ヒアリングで、いくら顧客の細かい要望まで聞くことが大事だからといって、あらゆる情報を細大もらさずというかまえで、あたかも尋問のように質問をするというのではうまくいきません。**最初は、相手の話をただ聞いているという姿勢が大切です。**商品に対してどの程度の知識を持ち、どう考えているのかを知るのです。「あまり知らない」という方には、「みなさん、そうおっしゃるんですよ」と伝え、安心してもらいましょう。

ただじっと聞いていると、そのうち「こんなことまで話していいのかな」と言ってくることがあります。「子供の進学のことまで話してもいいかしら」「直接は関係ないんだけども……」という前置きがあって、家庭の事情や仕事のことなどを話すケースです。実は、こういうフレーズが出てきたら順調のサインです。なぜなら、あなたに心を開いている証拠だからです。そんなときはじっくり聞き、ときに「アプローチ」で解説した「周辺情報」をうまく用いて、顧客の信頼度をさらに高めましょう。

## 心を開かせるヒアリング

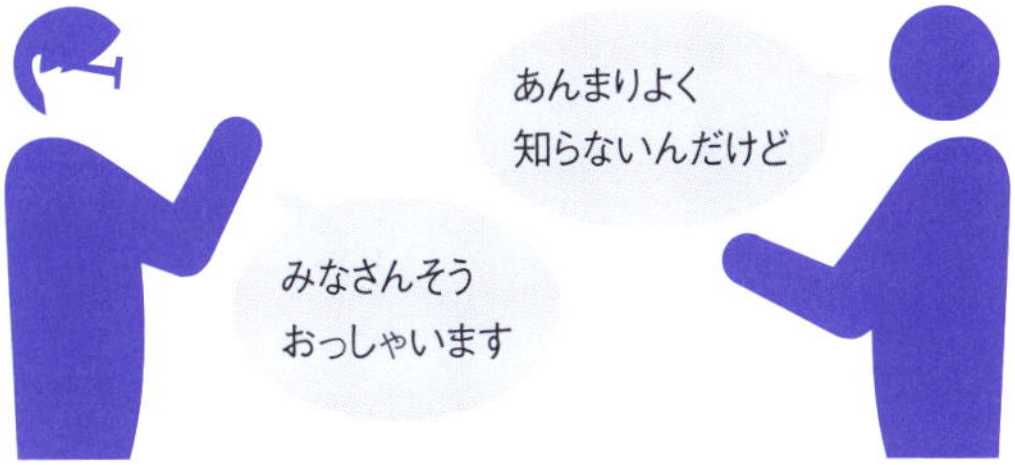
あんまりよく
知らないんだけど
みなさんそう
おっしゃいます

●根掘り葉掘り尋ねるより、相手の話をよく聞く

直接関係ない
んですが……

●身内のことなどを話すようになったら、
心を開いている証拠

**相手の話をただ聞いているという
姿勢が大切**

## 4-03

# 満足度を点検しニーズをクリアに

### ヒアリングのコツ③

## ▼営業マンと顧客がともに現状を把握する

顧客の話を十分に聞いたら、次はこちらから尋ねる番です。

ここでのキーワードは「今」です。自動車ならば「今、どんな車に乗ってらっしゃいますか」「今、どんなときに車をお使いでしょうか」などです。保険営業も同じですが、顧客がすでにどこかと契約しているなら、保険証券を見せてもらうのが最も確実でスムーズに話が進むでしょう。

**顧客のニーズは「今(現状)、何か足りない」と、漠然とした不満を感じているところに存在しています。**ですから「今」を強調することによって、その不満を現実に照らし合わせて意識してもらい、「今、少し不満が出てきたとしたら、今後はどうしたいのか」を質問で明確にしていくのです。また、このやり方は営業マンが顧客の現状を正しく把握するのに役立つと同時に、顧客にとっても、話すことで現状を一度整理してみるのにいい機会となります。そこから「今」のニーズがクリアになってくるのです。

## 現状(今)を顧客と一緒に把握する

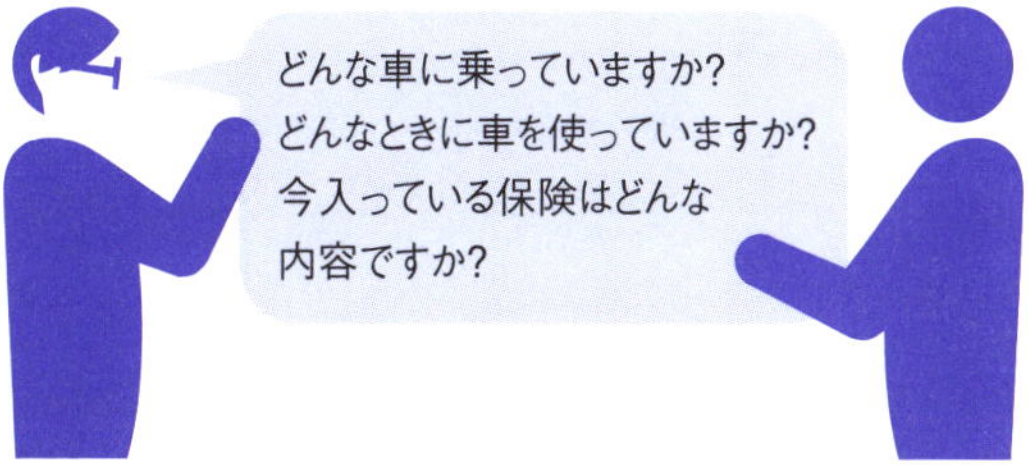
どんな車に乗っていますか?
どんなときに車を使っていますか?
今入っている保険はどんな
内容ですか?

●漠然とした不満をはっきりとしたものにする

↓

●営業マンが顧客の現状を把握する

●顧客も話すことで現状を整理できる

↓

●「今」のニーズがクリアになる

**顧客のニーズは漠然とした不満を感じているところにある**

# 4-04

# 質問して本当のニーズを引き出せ

## ヒアリングのコツ④

### ▼漠然とした不満を具体的なかたちにする

顧客の現状をだいたい把握したら、現状の改善につながるような具体的な質問をすることで、さらにそのニーズを顕在化させましょう。

顧客が「今、こんな住宅に住んでいます」というだけでは、まだニーズを引き出したというには不十分です。しかも現状の不満は意識できたとしても、実際にうまく話せるとは限りません。**そこで、営業マンのほうから水を向けて、ニーズをクリアにしていく必要があるのです。**ここでは具体的な質問が必要です。住宅でいえば「お子様が中学生ともなれば、受験も間もなくです。将来を考えたとき、個別の部屋も必要になってきませんか？」といった質問です。こういう質問を投げかけると、「子供の勉強部屋はやはり必要だな」と思うようになります。つまり、いま住んでいる家を何となく狭く感じている、といった漠然とした不満が、将来的には子供の勉強部屋が必要ということに気づいたことで、広い家を持ちたいというはっきりとしたニーズにつながったのです。

## 質問することで顧客のニーズを顕在化させる

お子さんが中学生になれば、
個別の勉強部屋が
必要になりませんか？
うん、そうだな。
子供の勉強部屋は必要だな

●狭いという漠然とした不満が、広い家を持ちたいという
はっきりとしたニーズにつながる

**現状の改善につながるような
具体的な質問をする**

## 4-05

# 予算に合った設計内容をきちんと伝える

### ヒアリングのコツ⑤

### ▼無理なものは無理とはっきり示す

ヒアリングでは、予算、すなわち支払い能力も忘れずに聞いておきます。売る側としては採算を度外視した低価格では提供できません。保険でいえば、月々の予算は3万円で、死亡保障が3000万円、入院保障が日額1万円、奥さんの入院保障が日額5000円、さらに子供の進学のための貯蓄もつけたい……などと言われても、そういう設計は不可能です。**無理な場合は、はっきりと「その額ではご要望にお応えできません」と言うべきです。**何とかなりそうなそぶりを見せるとトラブルのもと。無理なことは無理ときちんと伝えてください。

また、「全体でいくら」と聞いてくるかもしれませんが、それでおしまいにしてはいけません。これもトラブルの原因です。その場合は、その予算の範囲内で優先順位をつけてもらいましょう。「月々3万円ならご主人の死亡、入院保障、奥様の入院保障までおつけできます。ただし、貯蓄性の商品となると4万円は必要になります」とはっきり示すのです。こうして一つひとつの要望をクリアにして提案できれば、契約にこぎつけられるはずです。

## ヒアリングのコツのまとめ

**❶「顧客と一緒になって、よりよい提案をしていく」という意識**

**❷「関係ないことですけど」と言われたらチャンス**

「こんなことまで話していいかな」

「子供の進学のことまで話してもいいかしら」

**❸「今」を強調して現状を把握する**

「今、どんな車に乗ってらっしゃいますか」

「今、どんなときにお使いでしょうか」

**❹質問をして本当のニーズを引き出す**

「お子様の今後を考えたとき、個別の部屋も必要になってきませんか」

**❺予算に合った条件を聞く**

「月々3万円なら○○と△△をおつけできます。

ただし、□□となると4万円は必要になります」

# 4-06 プランニングではストーリーを考える

## プランニングのノウハウ①

### ▼シナリオに沿って資料をそろえる

ヒアリングの後はプランニングに入ります。顧客の希望に合った商品を設計して提示することです。自動車なら、車種、色、インテリア、オプション機能をつけていくらになるか、ローンにすると月々の支払額は、と設計をしていきます。プランニングでは、プレゼンテーションを前提として資料（提案書、確認書等）をそろえていきます。つまり、プランニングで作る資料は、効果的なプレゼンをするための重要なツールです。

しかし、この**資料作りがうまくいっていない営業マンが多い**のです。私はコンサルタントに転じて、ロールプレイング形式の研修を行なってきました。ここでは、ヒアリング後に資料を作ってプレゼンをします。このときにいつも、受講生の作る資料に説得力が欠けていることを痛感します。そこで、効果的な資料作りをわかりやすく説明するため、「まず**プレゼンのストーリーを考えなさい。**そして、それをうまく展開するツールとして資料を作ってください」と教えています。シナリオがあってそれに沿うように、小道具を準備するのです。

プレゼンのストーリーを考えてから

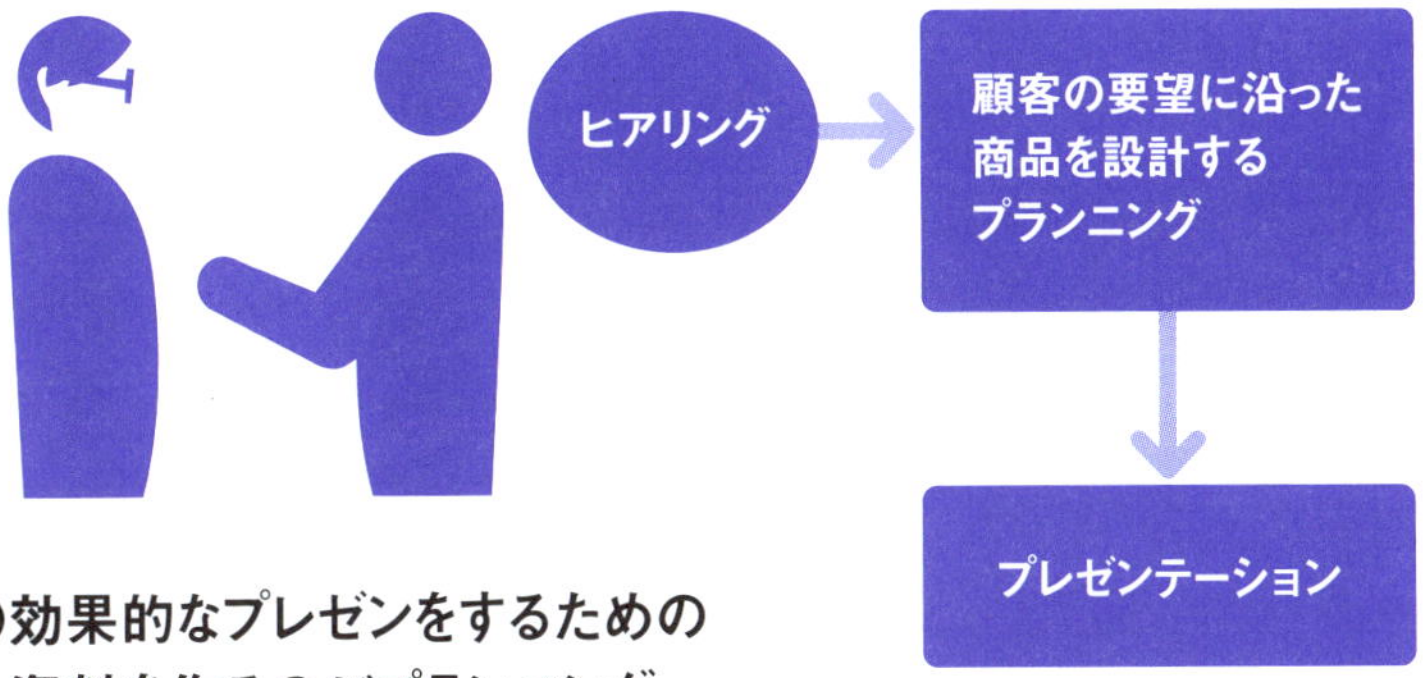


●効果的なプレゼンをするための
資料を作るのがプランニング

●資料作りにはまずプレゼンのストーリーを考えることから

●ストーリー＝シナリオをうまく展開するためのツールとして
資料を用意する

**プランニングで作る資料は、効果的な**
**プレゼンをするための重要なツール**

# 4-07

# 提案資料で「要望」を具現化する

## プランニングのノウハウ②

### ▼図や表を多用してビジュアルに

　プレゼンのストーリーを考えたら、その流れに沿って資料を作っていきます。資料全体を通じて大切なポイントは、ビジュアル的なわかりやすさです。慎重に作ったつもりでも、文字が小さく内容がこなれていなかったら読んでくれません。作る側は専門的な用語も使いなれていて、内容も理解していますが、相手はそうとは限りません。そこで、資料をわかりやすくする工夫がいるのです。詳しくは次項以降で説明していきますが、ひとつのたとえとして、図や表を多用して「紙芝居のように作りなさい」と私は教えています。

　難しい資料になってしまう背景には、資料に対する営業マンと顧客の意識の違いがあります。**プレゼンで提案する資料とは、ヒアリングで聞いた「お客様の要望」を具現化したものであって、営業マンや会社の立場で作ったものではありません。**ここが理解できれば、いい資料が作れるようになるでしょう。プレゼンのときにも、「お客様の代わりに作っただけで、あなたの要望なのです」と伝えることも重要です。

ビジュアル的にわかりやすい資料を

●ストーリーに沿って
わかりやすい資料を
「紙芝居」のように作る

●「お客様の要望」を具現化したものがプレゼンの資料

↓

●顧客目線に立ったわかりやすい資料を作る

「お客様の代わりに作っただけで、
あなたの要望なのです」

# 4-08 ビフォー／アフター資料を作ろう

## プランニングのノウハウ③

### ▼金額の多寡だけでなくその中身をはっきりさせる

わかりやすい資料にする1番目は、「ビフォー／アフター資料」です。顧客にとって現状（＝今まで）はこうなっているけど、新しい商品を取り入れることによって（＝これから）、どんな変化が現れるかを比較して示すのです。売る側の人間はどうしても自社商品の話（＝これから）ばかりをしがちです。そうすると見込み客にとって、「結局、何がどう変わるんだっけ」という気持ちになって新商品のメリットがうまく伝わりません。

保険でいえば、月々の支払い額が大きくなると（そのことはヒアリング時に確認していても）、「あら、月々、高くなるのね」と金額だけに注目してしまいます。

支払いが増えても今までより充実した内容だと理解できれば、十分に満足してもらえます。逆に、金額の安さだけが相手の目に留まっていて、ほかの要素をきちんと理解させられなければ、つまり、値段しか満足していないのであれば、仮に契約しても「希望どおりではなかった」という不満が残ります。こうなれば、それ以降の良好な関係は築けません。

「今まで」と「これから」がどう変わるか

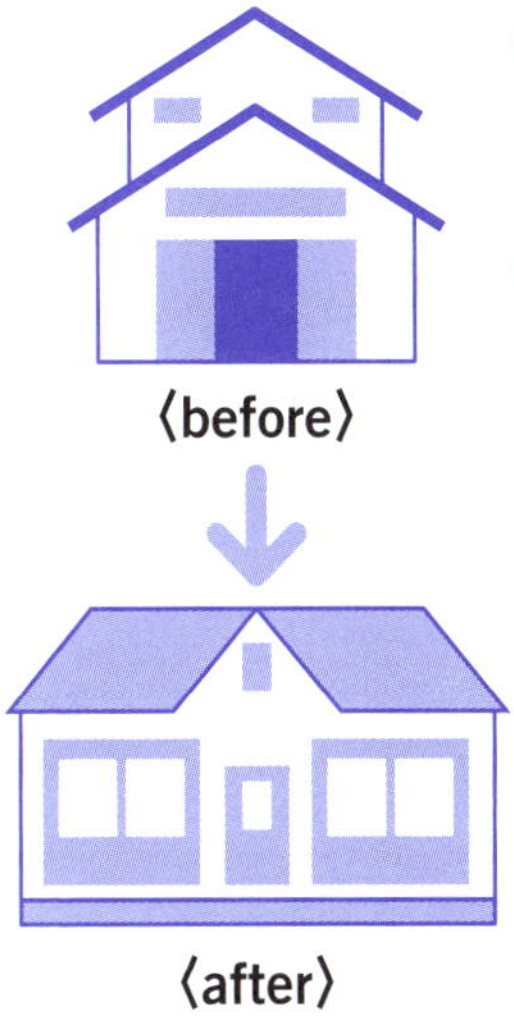


●何がどう変わるかを目に見えるように

●金額が増えても今までより充実した内容であることがわかる資料を

●顧客に不満を残さずに、これからも良好な関係が築けるようにする

「結局、何がどう変わるんだっけ」がわかるように

# 4-09

# 最後に「まとめ」を作って内容の確認をする

## プランニングのノウハウ④

### 「要点はなんだ？」に応える

資料の最後には「まとめ」の項目を作ります。人によってはここしか見ない方もいます。特に経営者にはそういう方が多いので、注意してください。

商品によっては説明項目が多岐にわたり、どうしても資料が長くなってしまうこともあるでしょう。当然ながら、そのぶんプレゼンの時間も長くなってしまいます。それなのに相手が多忙で、スケジュールが詰まっていて時間が押しているような場合は、長い時間をとられるのは嫌がられます。**「だからこのケースの要点は、どうなんだ」という人も出てきます。そのためにも、「まとめ」を作っておくと便利です。**

また、たとえ自分が積極的に買いたいと思う商品であっても、プレゼンの話が長くなれば、最初から最後まで高いテンションで聞き続けるというのは難しいことです。途中の資料の説明が長くなって、相手が疲れを見せるようなときには「まとめ」があると、そこだけで確認できるので、安心感を与えられます。

## 「まとめ」を作って要点の確認をする

まとめ

●忙しい人のため、長い説明になるときのため
「まとめ」の項目を作っておく

ヨースルニ
要点はなんだ?

**「まとめ」があると、そこだけで確認できるので、安心感を与えられる**

# 4-10

# わかりやすい提案書は「紙芝居」が一番

## プランニングのノウハウ⑤

### ▼熱心さを目に見えるかたちに

資料作りのポイントは、ストーリーに沿ったものであること、そしてビジュアルにすることだと説明しました。この2つを追求していけば何になるかというと、「紙芝居」になるのではないでしょうか。かつて私は、20枚におよぶ図や表を用いてプレゼンをしたことがありました。そのとき顧客から「すごいですね。まるで紙芝居を見ているみたいだね」と言われ、そこで、ひらめいたのです。**究極の提案書は紙芝居型になる**のだと。以降、私は極力ビジュアル面に注意した資料を作り、好評を得ました。紙芝居型というと、時間がかかって大変だと思うかもしれません。ですが、提案した顧客からは「ここまでして作るのは大変だったでしょう」「こんなことまでしてくれてありがとう」という言葉をいただきました。人間、自分のために努力してくれる人には好印象を持つものです。

また、熱心に話す営業マンは多くいますが、**熱心さを目に見える形で示す**営業マンはそういません。その差別化によって、顧客に強い印象を残すことができるのです。

**ストーリー ＋ ビジュアル＝紙芝居**

○○○○○
○○○○○
○○○○○
すごいですね。
まるで紙芝居だ
○○○○○
○○○○○
○○○○○

・究極の提案書は「紙芝居」だ

**熱心さを目に見える形にできる**

# 4-11

# 商品をばらしてクローズアップする

## プランニングのノウハウ⑥

### ▼オプションごとに拡大して説得力を持たせる

紙芝居型の提案書作りでは、アプローチで「真の動機を探るには商品機能をばらしてみる」で説明したのと同様に、商品を各機能にばらして、その一つひとつを1枚の紙で説明していくことがポイントになります。**さまざまな機能全部を1枚で解説した資料では、焦点がぼやけ、個々の機能が理解しにくくなります。**その結果、必要性をあまり感じなくなるでしょう。

紙芝居型提案書の具体例は、たとえば自動車会社のホームページです。見てみると、自動車全体の写真の中で、タイヤ、コックピット、内燃機関といったそれぞれの箇所をクリックすると、その部分が別画面にクローズアップされ、説明されています。まさにその要領です。

個別にクローズアップして見せることで、顧客の細かい要望が十分に満たされている、という説得力が増すのです。とくに保険は、紙芝居型の提案書が威力を発揮します。商品自体が目に見えないうえ、オプションの組み合わせによりさまざまな商品ができるからです。

## 商品をパーツごとにばらしてみる

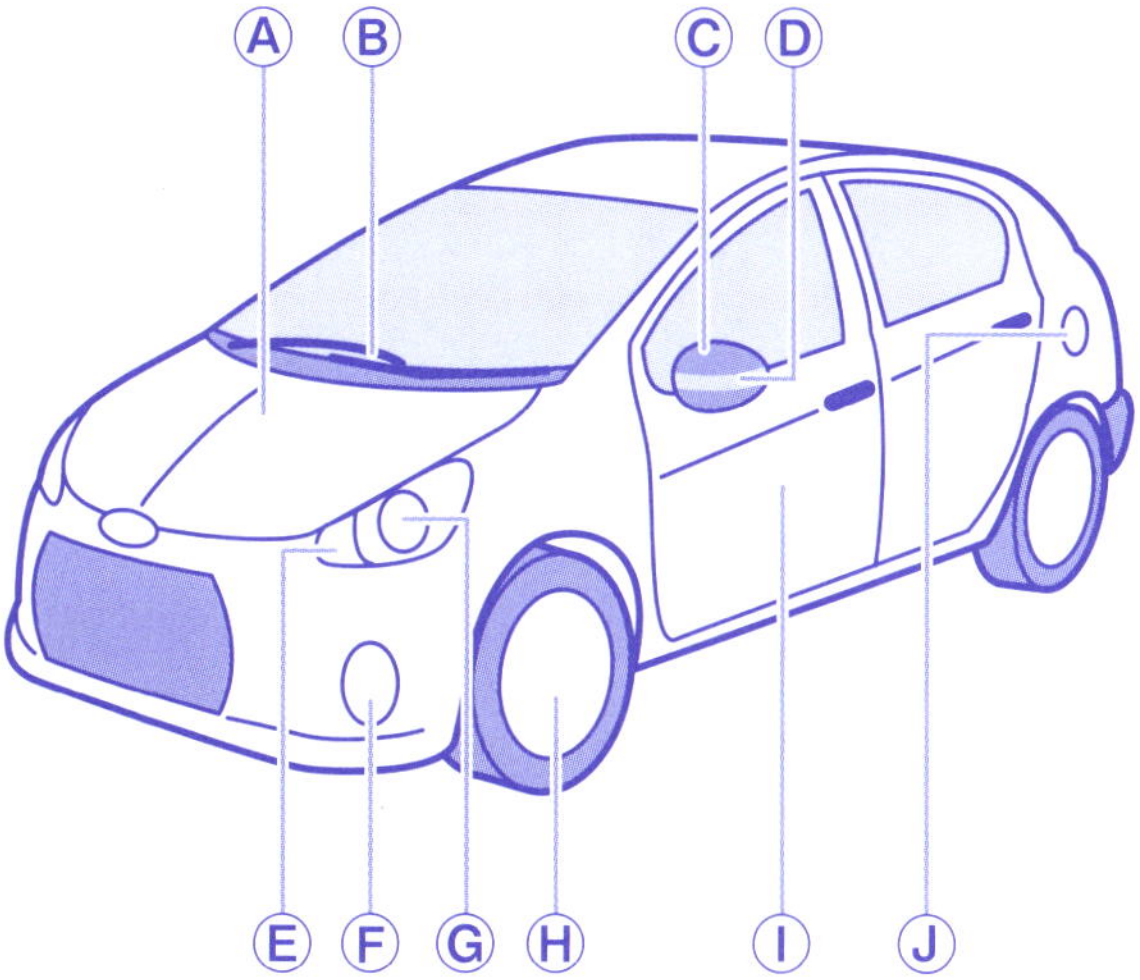


・商品を機能ごとにばらして、
ひとつずつ説明する

・オプションごとにクローズアップして
目に見えるように

・顧客の細かい要望に応えている
ことを説明する

# 4-12

# 法人営業ではキーパーソンを作れ

## プランニングのノウハウ⑦

### 「お役に立つ」存在になる

顧客が個人ではなく法人、すなわちB to B営業の場合について解説しておきます。集客＋セールスプロセスは、B to Bでも応用すれば十分有効です。

法人営業の場合、「誰がどんな形で決定を下すのか」を知らなければ、商談はうまく進みません。意思決定のあり方は会社によってさまざま。中小企業であれば社長のツルの一声で決まっても、大企業ならまず稟議書を回す必要があるかもしれません。こうした事情を、部外者が把握するには限界があります。そのときに必要なのが、社内のキーパーソンの獲得です。社内のことは社員が一番よく知っています。稟議書を上げる手順から、社長や部長の好み、慣例など、社員でないとわからないものがあります。**そこで、社内キーパーソンになってくれる人に目をつけ、営業や商品を理解してもらい、あなたのファンになってもらうのです。**具体的には、協力が得られそうな人を見つけたら、マメに連絡を入れ、有益な情報を提供し、あるいは相手の仕事の手助けとなるようなことをしてあげるのです。

## 法人営業ではキーパーソンがものを言う

株式会社 ○○○
○年度 ○期 組織図
代表取締役社長 ○○ ○○
取締役 ○○ ○○
監査役 ○○ ○○
本部長 ○○ ○○
本部長 ○○ ○○
総務部 部長 ○○ ○○
経理部 部長 ○○ ○○
企画部 部長 ○○ ○○
営業部 部長 ○○ ○○
開発部 部長 ○○ ○○
総務課 課長 ○○ ○○ 係長 ○○ ○○
経理課 課長 ○○ ○○ 係長 ○○ ○○
企画課 課長 ○○ ○○ 主任 ○○ ○○
営業一課 課長 ○○ ○○ 係長 ○○ ○○
システム課 課長 ○○ ○○ 主任 ○○ ○○
人事課 課長 ○○ ○○ 主任 ○○ ○○
広報課 課長 ○○ ○○ 主任 ○○ ○○
営業二課 課長 ○○ ○○ 係長 ○○ ○○
デザイン課 課長 ○○ ○○ 係長 ○○ ○○

- **社内ではどの部署の誰がキーパーソンであるか見つけて獲得する**

「それは私です」

- **マメに連絡し、有益な情報を流し、仕事の手助けをする**

何かお役に立つことはありませんか……

# 4-13 キーパーソンの価値を高めるフォローをする

## プランニングのノウハウ⑧

### ▼得意先企業のライバル情報も仕入れる

社内キーパーソンといい関係ができたら、今度はあなたが協力してもらう番です。社内の事情を聞き、あなたが提案したい方向や内容についてアドバイスを受けたうえで、提案書や資料を作ってしまいましょう。

できあがった提案書を上司筋に上げてもらうように頼んでおくのはもちろんですが、その際、その会社のライバル企業の情報が入っていると効果的です。たとえば「すでにライバル企業では検討している」と書かれていたら「うちでも、すぐ検討したい」という展開になりがちです。また、そうした有益な情報を盛り込んでおかないと、社内キーパーソンの顔が立ちません。つまり、社内キーパーソンが上司に対していい顔ができるようにフォローし、彼を通して一緒に実績をつくるという姿勢が大切です。

その意味でも、競合相手の情報収集は常に心がけ、レベルの高い提案を心がけましょう。

**またキーパーソンが異動になっても永遠につきあうつもりで情報交換は続けましょう。**

## プランニングのノウハウのまとめ

**❶ビフォー／アフター資料で違いを明確に**

現状(今まで)はこうなっているけど、新商品だと(＝これから)、どんな変化が現れるかを比較して示す

**❷最後に「まとめ」を作って内容の確認をする**

忙しい人向けに要点をまとめる。再確認と安心感を与える

**❸資料・提案書作りは紙芝居を作るつもりで**

図や表を多用してビジュアルに
内容と熱心さを目に見える形にして差別化を図る

**❹商品をばらして説明する**

商品を各機能にばらして、その1つひとつを1枚の紙で説明していく

**❺法人営業では社内キーパーソンを作る**

・キーパーソンの「お役に立つ」ことから始める
・ライバル企業の情報も入れた提案書を作り、上司筋に上げてもらうように頼む
・異動・転勤したとしても情報提供などのつきあいは継続する

コラム

# スランプとサボり癖の撃退法 いい時と失敗の時を想起する

どんな営業マンだって、スランプに陥ることがあります。悪い時にはどうあがいてもうまくいきません。「何とか取り返してやる」とあせって頑張るほど空回りし、悪循環に陥っていくものです。

こんな時、どうすればいいのでしょうか？

むやみに営業活動するのではなく、気持ちを立て直すことが大事です。たとえば、過去に契約していただいた一番好きな顧客のところへ行き、悩みを相談する手があります。迷惑がかからないように、30分程度話をするのです。プロスポーツの選手も調子のいい時のビデオを見直すそうです。それと同じことで、いい時のイメージを思い出すことで、スランプから抜け出せることもあるのです。

逆に、サボり癖が出た時におすすめなのは、ダメだった時のことを記録しておき、見直すことです。キャンセルで天国から地獄へ落とされたといったなどの経験を、手帳などに記録しておき、気が緩みそうになったら、そのページを開いて読み返すのです。その時のことを思い出せば、「これではいけない」と思うはず。ひどい目にあった経験も、上手に活用しましょう。

# 第 5 章

# 顧客満足につなぐプレゼンテーション&クロージング

# 5-01

# よい流れにはシナリオとリハーサルが必要

## プレゼンテーションの技術①

### ▼同僚や奥さんに協力してもらう

プランニングができたら、いよいよプレゼンテーションを行ないます。

プレゼンでは流れが大切です。作成した資料をわかりやすく、テンポよく確認しながら説明をしていくことで、信頼性が増すのです。プランニングでいくら出来のいい資料をそろえたところで、プレゼンのスキルがなければクロージングにはもちこめません。

いいプレゼンには、たしかな「**シナリオ**」と「**リハーサル**」が必要です。ここでいうシナリオとは、資料の内容ではなく、**説明の仕方、タイミング、しぐさ・ふるまい**などの**演出**のことをいいます。リハーサルは、先輩や同僚、奥さんでもいいですから、実際に顧客の役になってもらい、本番同様にプレゼンを行なうのです。あわてず、ゆっくりと、その都度、納得度をチェックすることがポイントです。顧客役の人に、おかしいところを指摘してもらいましょう。また話が流暢でも、一方的な話し方になってはいけません。相手が話についてこられて十分に理解できたかを確認しながら進めるようにしましょう。

## いいプレゼンには、演出が必要

顧客は自分が言ったことさえ
忘れていることもある
またヒアリング時の質問の
繰り返しになることも

●プレゼンに「ぶっつけ本番」でいくと
→資料の出来はいいけど、顧客にはうまく伝わらない

シナリオのポイントは、
説明の仕方
タイミング
しぐさ
ふるまい

●リハーサルを積んでおくと、あらかじめ修正点がわかる

**相手が話についてこられて十分に理解できたかを確認しながら進める**

5-02

# 流れに沿って顧客と一緒にプレゼンする

## プレゼンテーションの技術②

### 「要望の確認」から「まとめ」まで

顧客と「一緒になって」検討する姿勢で、資料を説明していきます。

①**要望の確認**……まず、ヒアリングでの顧客の要望を確認することから始めます。

②**現状の説明**……現状を確認します。自動車なら、今の車種、下取り価格、燃費などです。

③**必要項目の確認**……現状が確認できたら要望を満たすには何が必要なのかを示します。「いまは小型セダン」だが、子供が大きくなったら「大きいミニバン」が必要という要望です。

④**新規の提案**……プランニング資料の出番です。新規といっても顧客の要望を表現したもので、それがいかに満たされているかがポイントです。大切なのは、ヒアリングで確認した相手の優先順位を意識して説明することです。予算の制約があること、すべての要望を満たしていなくても優先順位を意識させ、ニーズに適っていることを印象づけます。

⑤**まとめ**……簡潔にまとめて、メリット、デメリットをはっきり提示します。メリットばかりでなく、デメリットもきちんと伝えることで信頼性が増します。

## プレゼンの流れ

**①要望の確認** ------ ヒアリングでの顧客の要望

**②現状の説明** ------ 現状はどうなっているか

**③必要項目の確認** ------ 要望を満たすには何が必要か

**④新規の提案** ------ 顧客の要望を表現したもの

**⑤まとめ** ------ 簡潔にまとめる。
メリット、デメリットをはっきりさせる

5-03

# 一本調子にならないように緩急をつける

## プレゼンテーションの技術③

### ▼顧客の意識を喚起する

プレゼンでは流れが大事だといいましたが、一本調子でどんどん進めて、相手が納得したかどうかもわからないというのではいけません。ここでは**緩急をつける**ことが重要になります。

ポイントとなる部分では、**「オーバーアクション」**で相手の意識を高めます。ジェスチャーを取り入れたり、顧客をあらためて見ながら「ここが一番の売りなんです」と強調してみるのです。プレゼン資料の、ここをぜひ見てほしいという場合なら、ポイントの箇所を**指やペンで指し示す**のもいいでしょう。ビジュアル的で見やすい資料を作ったとしても、案外相手は見ていないこともあります。そこで意識の喚起を促すのです。

ひと区切りの部分では**「これまでのところは、ご理解いただけましたでしょうか」**といったん投げかけて、確認を取ります。聞いているだけというのは疲れるもの。顧客が「ええ」と一言でも話すと、流れがスムーズになります。

## 顧客の意識を喚起する技術

ここが一番の
売りなんです

●ときどきオーバーアクションで相手の意識を高める

これまでのところは、
ご理解いただけ
ましたでしょうか

●ひと区切りの部分では相手の確認を取る

**相手は案外資料は見ていないので意識の喚起を促す**

## 5-04

# 高額商品のプレゼンは夫婦同伴で聞いてもらう

### プレゼンテーションの技術④

### ▼臨機応変な対応ができる

住宅、自動車、保険などの高額商品は、事情が許す限り、**プレゼンの段階では夫婦同伴で説明を聞いてもらう**ほうがいいと思います。

よくある断り文句に、その時点になって「妻に相談してみる」「もう一度主人に相談してから」というのがあります。本当に妻や夫に相談するというよりも、むしろ腰が引けていて断ろうと考えている場合のほうが多いでしょう。あるいは、後になってやはり夫婦で決めるので、もう一度説明にきてほしいとなり、二度手間になりかねません。

しかし、最初から夫婦同伴で面談すれば、そのセリフが出る余地はないのです。また、どちらかが乗り気ではなくても、もう一方は乗り気である場合が多いものです。それなら対応の仕方も見えてきます。　抱えている課題も1人より2人のほうがよりクリアになりますし、高額商品の購入を決めるときにありがちな夫婦間の意見の相違をキャッチし、それを解決することで、ゴールが見えてきます。

## 夫婦同伴だと対応しやすくなる

妻に相談してみる
主人に聞かないと
何も言えません


●顧客の腰が引けていたり、
すぐ決められなくて二度手間になったり

奥さんのお考えは
いかがですか?


●夫婦の意見が違っていても、一緒なら対応しやすい

**抱えている課題も1人より2人のほうがよりクリアになる**

# 5-05

# 興味を示したキーワードは繰り返す

## プレゼンテーションの技術⑤

### ▼メリットを強調して購入意欲を

プレゼンで説明をしていくと、顧客が改めて強い興味を示す箇所というのが必ず出てきます。もともと相手の要望で作成した提案であったとはいえ、改めてその箇所にくるとメリットを認識するわけです。

「へぇ、今は、そんなに燃費がよくなってるんだ」とか「子供の将来を考えれば、やはりこのほうが頼りになるわね」などと弾んだ声になります。その際、反応したキーワードを確実につかみ、別の説明に移ってもその**キーワードを繰り返し出す**ようにします。

たとえば、キーワードが「燃費」ならば、車のデザインの話のときにも「デザインも燃費のよさを目指して、設計されています」とか、子供の送り迎えに使うという話になっても「やはり毎日のことですから、燃費が気になりますよね」といった具合です。

キーワードをうまく繰り返すことで、顧客は要望したメリットを再認識して、商品の購入の決定へと気持ちがぐっと傾いていくのです。

## 顧客が反応するキーワードに留意

今回おすすめする
車の燃費は
リッター33キロです
!

●プレゼン中に顧客が強く反応するキーワード

デザインも
燃費のよさを目指して
設計されています
!
!

●キーワードを繰り返すことで購入決定へと
気持ちが傾く

**別の説明に移ってもそのキーワードを繰り返し出す**

# 5-06

# 面談は相手と90度の位置を取る

## プレゼンテーションの技術⑥

### ▼同じ目的で共同作業をするイメージで

面談をする場所にもよりますが、もし可能ならば、プレゼンの際の説明は、互いに正面を向くのではなく、テーブルや机の角を挟んで、**相手と90度の角度**になるようなポジションで行なうことをおすすめします。

というのも、**向かい合っての話は、相手と敵対的な関係のイメージになります。**これは、いつのまにか売り込んでいるという印象を与えかねません。

それに対して、横から話をすると、安心感や一体感が生まれ、「2人で同じ目的をもって共同作業をしている」という雰囲気が生まれます。場合によっては、相手と並んで相手と同じ目線で資料を見て話せば、さらに親近感が高まります。

あくまでも説明している資料はヒアリングを具体化したものであり、ここからは共同作業なんだという意識を顧客にもってもらえれば、クロージングに向けての障害が取り除かれていきます。

## プレゼンテーションの技術のまとめ

**❶オーバーアクションと指さし**

ジェスチャーを取り入れる。「ここが一番の売りなんです」

資料の見てほしい部分を指やペンで指し示す

**❷高額商品は夫婦同伴で**

「妻に相談してみる」「主人に相談してから」と言わせない

**❸興味を示したキーワードは繰り返す**

（へぇ、そんなに燃費がいいんだ）

「燃費のよさを目指して設計されています」

「やはり毎日のことですから、燃費が気になりますよね」

**❹ポジショニングは相手の90度**

テーブルの横に座り、相手の90度のポジションをとると親近感が増す

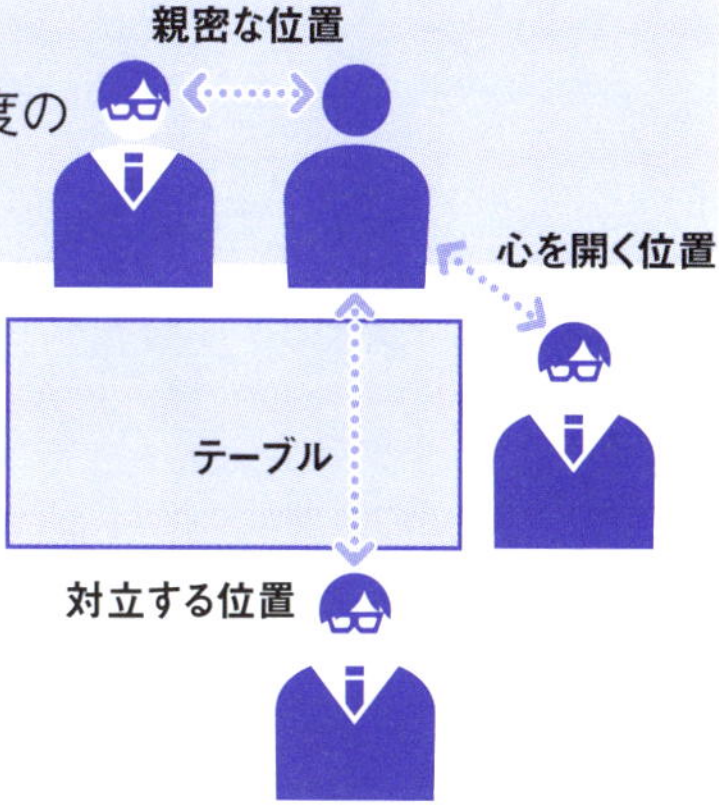
親密な位置
心を開く位置
テーブル
対立する位置

**横から話をすると、安心感や一体感が生まれる**

5-07

# クロージングは「客から」の申し込みで

## クロージングの鉄則①

### ▼よけいなトークは不要

プレゼンが終われば、クロージングに移ることになります。

ここまでこぎ着けた営業マンなら誰しも、「ぜひ契約しましょう」という言葉を引き出したくてたまらないはずです。しかし、ここでペラペラと催促まがいのトークでたたみかけるのは禁物です。

先に、「営業は売ることではなく、ニーズを引き出し、その問題を解決すること」だと述べました。ですから、最後の場面でもけっして売り込んではいけません。あなたが「売り込む」のではなく、顧客が「申し込む」ことによって、成約に至るのです。

ここまで、アポイントからはじまっていくつかのプロセスを経て、相手の要望に沿った提案を示してきました。後は相手が買う（解決する）だけなのです。

「説明は以上で終わりです。いかがいたしますか？」と言って、相手にゲタを預ければいいのです。よけいなトークは不要です。

## 催促まがいのトークはダメ

ぜひ契約を
お願いします!

●売ることではなく顧客の問題解決が目的

説明は以上で終わりです。
いかがいたしますか?

●プレゼンが終わったら相手にゲタを預ける

**あなたが「売り込む」のではなく、
顧客が「申し込む」**

# 5-08

# 相手の沈黙に口をはさまない

## クロージングの鉄則②

### ▼顧客に決断するための時間を与える

クロージングで相手からの「申し込み」を待つまで、沈黙が続くこともあります。私の場合、5分間の沈黙が続いたことがありました。しかし、それでも何も言わないほうがいいのです。ここで、沈黙に耐えきれなくなって、売り込みをかけるのは逆効果です。ごちゃごちゃと説明を再開するのもいけません。資料をめくり直して「ここが……」と戻ると、またほかの箇所へも戻ることになります。

大きな買い物になればなるほど、たとえ買うつもりであっても最終的に判断するときは時間がほしいものです。そんなときに声をかけられたら「ちょっと待て」という気持ちになるのは当然です。あるいは、「売り込まれた」という印象を持たれ、顧客は敗北感を覚えてしまいます。結果、成約しても満足感は低くなってしまいます。私は**「沈黙は最大のクロージング」だと教えています。**黙っているには勇気が必要。でも、その沈黙の時間は顧客の重要な時間です。黙って時間をあげてください。

## 沈黙は最大のクロージング

●相手が沈黙しているときは口をはさまない

●顧客の判断に至る沈黙を、破ってはいけない

## その沈黙の時間は顧客の重要な時間

# 5-09

# プレゼンの途中でクロージングを匂わせる

### クロージングの鉄則③

## ▼契約が前提になっているという雰囲気を作る

これはクロージングのテクニックというより、クロージングに至るためのプレゼン段階でのテクニックになります。すなわち、プレゼンの途中でクロージングを迎えるための布石を打っておくのです。

プレゼンの途中で、顧客が「この商品は、やはりここがいいね」とつぶやいたり、妻が夫に「実は、これ（機能）がほしかったのよ」と話しかける場面が出てきます。その瞬間をとらえて「そうでしたね。これが、お望みのものですよね。でも、とりあえず、他のことも最後まで説明だけはさせてください」と言って、**もうこの話は契約することが前提になっている**という雰囲気を作るのです。

プランニング自体が顧客の要望に沿って作っているのですから、プレゼン時のやりとりの中で、これこそが望んでいたものだという雰囲気を高めていけば、よりスムーズなクロージングへと向かっていきます。

## プレゼン中からクロージングの雰囲気を作る

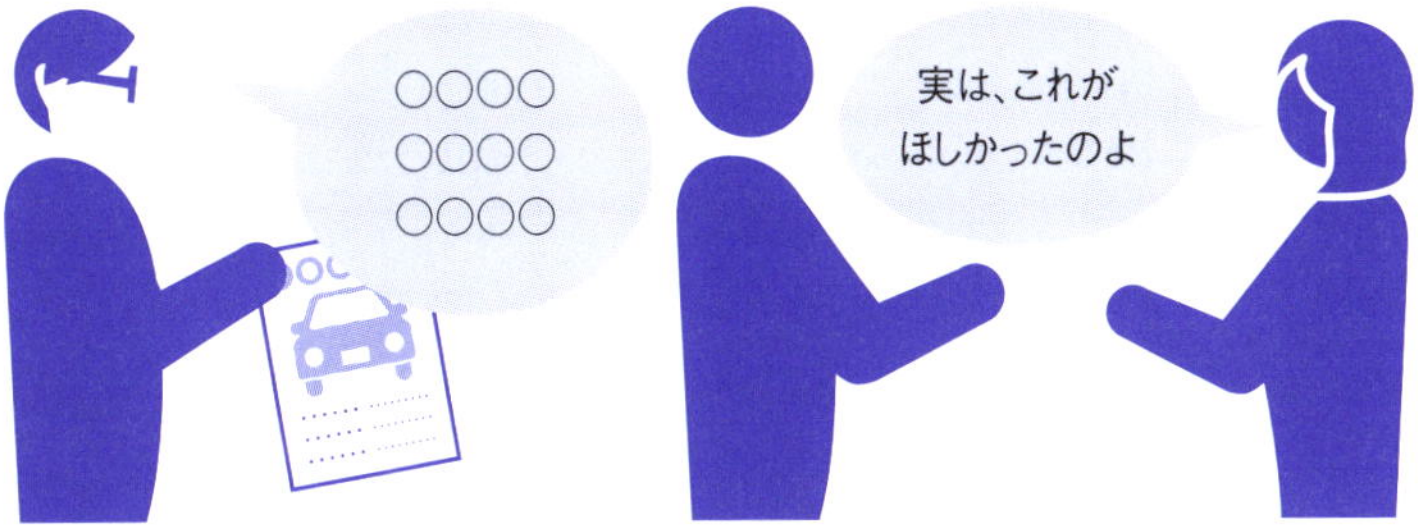
○○○○
○○○○
○○○○
実は、これが
ほしかったのよ

●プレゼンの途中でこういう場面になったら

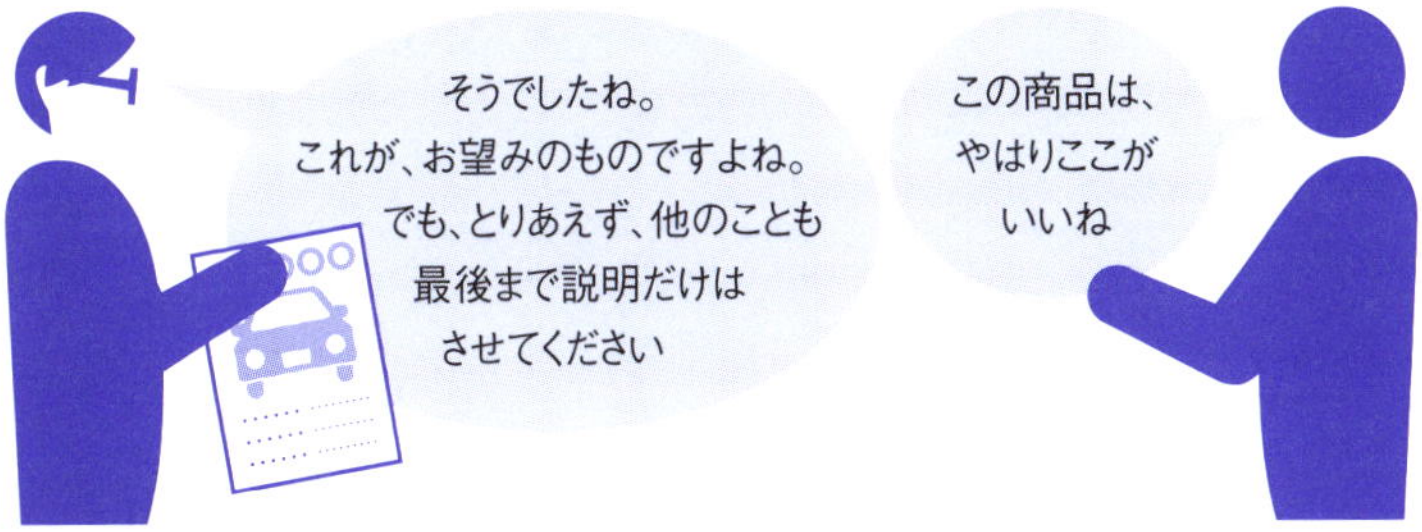
この商品は、
やはりここが
いいね
そうでしたね。
これが、お望みのものですよね。
でも、とりあえず、他のことも
最後まで説明だけは
させてください

●もう契約することが前提になっているという
雰囲気を作る

**これこそが望んでいたものだという雰囲気を高めていく**

# 5-10

# 顧客の契約へのサインを見落とさない

## クロージングの鉄則④

### ▼見落とさずに契約にもっていく

プレゼンは流れが大事だといいましたが、だからといって教科書どおりに最後まで進めて、「説明は以上です」で終わる必要はありません。

プレゼンのまとめの話をしているときなどに、**すでに相手がクロージングのサインを出していることはよくあります。**このサインを見落とさず、ここで自然かつ一気にクロージングへいくことも大切です。保険営業の例で見てみましょう。

「いくらなの?」と、途中で金額を聞くフレーズは、すでに買う意欲を示しています。「申込書を見る」というのもサインです。夫婦相手では「ご主人が奥さんの顔を見る」という仕草も、もう決めてしまおうかというサインになります。「で、どうすればいいの?」と問いかけてきたら、より直接的なサインです。このケースでは、すんなりと申込書とペンを渡して、「ここにお名前とご印鑑を」と言えばいいのです。クロージングのサインが出たら、特別なトークは要りません。「いかがしましょうか」でいいわけです。

**顧客のクロージングのサインを見逃さない**

で、
いくらなの?
申込書を見る
夫が妻の顔を見る
ここにお名前と
ご印鑑を

**買う意欲を示すサインが出たら、
それ以上のトークは不要**

# 5-11

# 土壇場での断りには当意即妙な対応を

## クロージングの鉄則⑤

### ▼やはり信頼性が決め手になる

クロージング段階でうまくいかない場合、見込み客の代表的な文句は「会って話をする時間がない」「他とのつきあいがあって契約できない」「お金が払えない」といったところでしょうか。こうした**不測の事態が起こるのは、多くの場合、アプローチとヒアリングが十分でなかったことに原因**があります。とりわけ「時間がない」という断り文句は、営業マンが時間をかけ、相手の要望に沿った提案書を作りあげてきて、なおかつ最後に時間がないと言われるのであれば、やはり営業マンが信頼されていなかったということになります。

「他とのつきあいがあって契約できない」のなら、まだ成約の見込みはあります。私の知る限りでも、同業者である知人に義理立てして契約しなかった人に対し、「では、お友達を傷つけないためにも、私を親戚ということにしてくれませんか」と言って、成約に至ったケースもあります。当意即妙な提案に反応してくれた相手の性格にもよりますが、本当に義理立てしなければならない友人がいるならば、最初から面談には応じていないでしょう。

## クロージング段階での断りへの対応

時間がない
お金が払えない

●アプローチとヒアリングが十分でなかったから

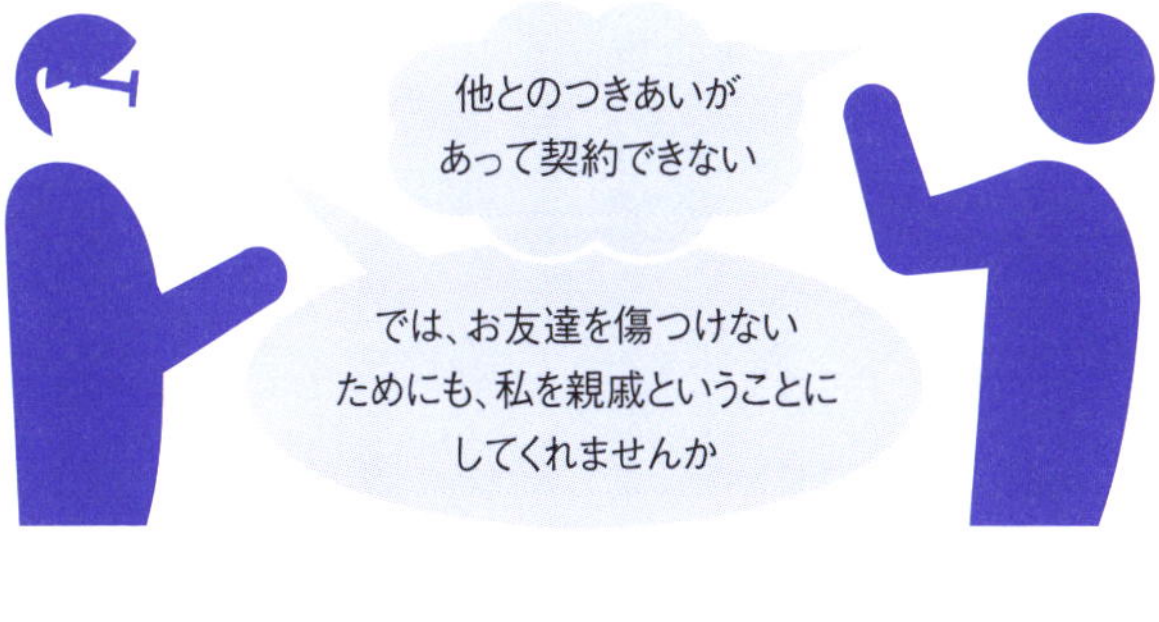
他とのつきあいが
あって契約できない
では、お友達を傷つけない
ためにも、私を親戚ということに
してくれませんか

**当意即妙な対応で成功に至るケースも
やはり最後は営業マンの信頼性に尽きる**

# 5-12

# 予算の問題ならグレードを下げてみる

## クロージングの鉄則⑥

### ▼元の価格にこだわる必要はない

断りの例として「こんなには払えない」と言われた場合を見てみましょう。

もし、「200万円はちょっと無理なので、180万円くらいなら……」と言ってきたなら、グレードを下げて、希望に合う価格にして提案するのがクロージングへの近道です。本来、顧客の要望に沿ったものだからといって、元の価格にこだわる必要はありません。

たとえば、「では、奥様にご興味があまりないようでした、オプションのナビゲーションパックと○○を今回はあきらめるというのはいかがでしょう。そうすれば180万円に抑えることができます」というように、**優先順位の低いほうから削っていくわけです。**

このオプションについては、あとで買い足して取り付けることもできるので、余裕ができたときに付ければいいことを促し、「情報はこれからも送らせていただきます。ご検討の際はいつでもお待ちしておりますので、ぜひまたお声をおかけください」と、契約後も定期的に情報を提供するということも触れておきましょう。

**グレードを下げて希望に沿った価格を**

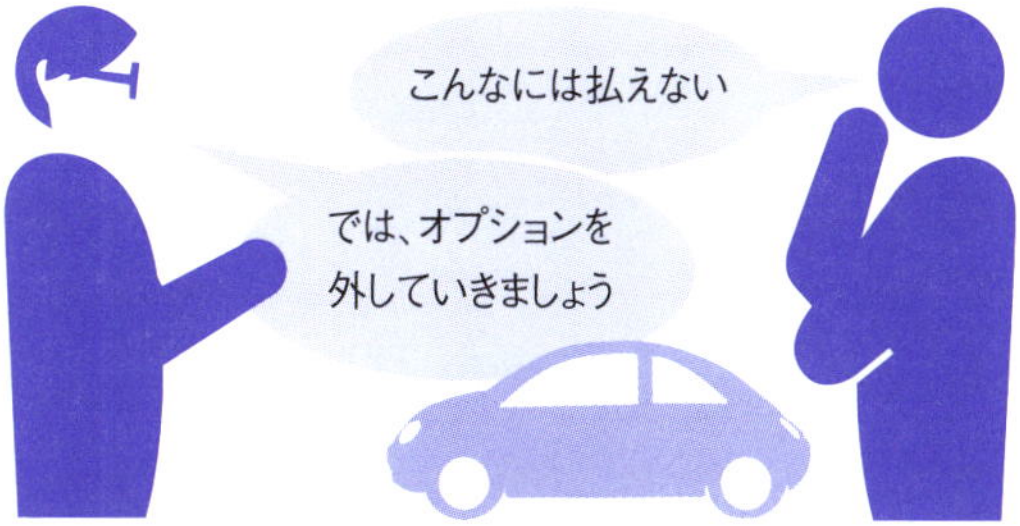
こんなには払えない
では、オプションを
外していきましょう

●優先順位の低いほうから削っていく

また、いつでも
お声をおかけください

●契約後も情報を提供し続ける

**元の価格にこだわる必要はない**

# 5-13

# クロージングできなくても気にしない

## クロージングの鉄則⑦

### ▼さっさと引き揚げよう

予算に関しては、プレゼン時にヒアリングしたときの条件を確認しています。もし、それよりもずっと低い、採算の合わない金額を匂わせてきたら、そのときは**無理に先に進まずに「それでは、改めてプランを練り直してきます」と、いったん引き揚げてしまう**ほうがいいでしょう。そこで下手に提案内容を変更してしまうと、顧客にとっても意味のないプランになりかねませんし、また保留にしたまま、同じレベルで他社に打診してプランを作らせて乗り換えられるケースもあります。せっかく営業マンが時間をかけて、知識と経験を使って設計した提案ですから、土壇場で出し抜かれない注意も必要です。

そのほか、事情が変わってどうしてもクロージングできないときは、「それでは仕方ありません、またの機会によろしくお願いします」とさっさと引き揚げましょう。また「見込み客」に戻して情報提供をしていけばいいのです。そういう人が、後に改めて声をかけてくる例も少なくありません。

## クロージングの鉄則のまとめ

**❶相手の沈黙に口をはさんではいけない**

沈黙は最大のクロージング。黙っている勇気を持つ

**❷プレゼンの途中でクロージングを匂わせる**

（これはいいね）（これがほしかったの）

「お望みのものですよね。

でも、とりあえず、最後まで説明だけはさせてください」

**❸顧客の契約のサインを見落とすな**

「いくらなの?」「で、どうすればいいの?」

申込書を見る。ご主人が奥さんの顔を見る

――すんなり契約書とペンを渡す

**❹土壇場での断りには当意即妙に対応**

「それでは、私をあなたの親戚ということにしてもらえませんか」

**❺予算の問題ならグレードを下げる**

優先順位の低かったものを落とす

**❻クロージングできなくても気にするな**

「また出直してきます」と言い、見込み客にいったん戻す

5-14

# 紹介してもらって1件完了と思え

紹介入手のヒント①

## ▼新たな見込み客を獲得する

契約がゴールだと思い込んでいる営業マンが多いですが、それは間違いです。その契約が重要課題の大型商談ならいざしらず、個別な契約のひとつなら、営業はその後も延々続くことを忘れてはいけません。言い換えれば、**「契約以降の営業」が優秀な営業マンかそうでないかの分かれ目**です。ポイントは、契約者からの紹介です。あくまでも**「紹介入手までいって1件完了」という考え方**を頭に叩き込んでください。クロージングで終了ではありません。考えてみてください。契約できればうれしいでしょうが、それは手持ちの見込み客が1人減った瞬間でもあるのです。見込み客を得るには、潜在客を見つけて情報提供を繰り返しリアクションを待って……と時間がかかります。ところが、紹介を得れば、一瞬にして見込み客の獲得につながるのです。ここを見逃す手はありません。ましてや紹介というのは、顧客との心理的な距離が最も接近した時点でスタートできるのです。また紹介先の人に会えばアプローチも大半終わっているわけです。時間を短縮できて成功率も高まります。

## 契約＝ゴールではない!

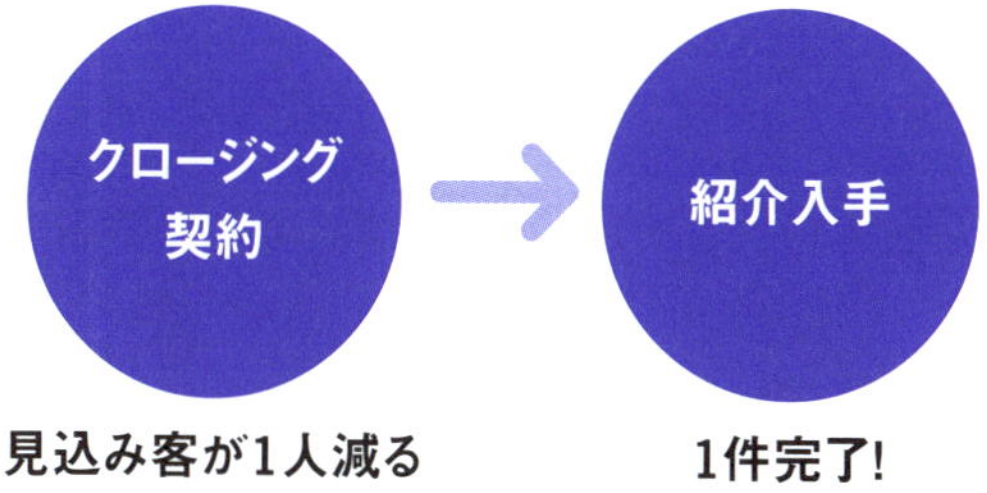
クロージング
契約
紹介入手
見込み客が1人減る
1件完了!

●契約者からの紹介入手があって1件完了となる

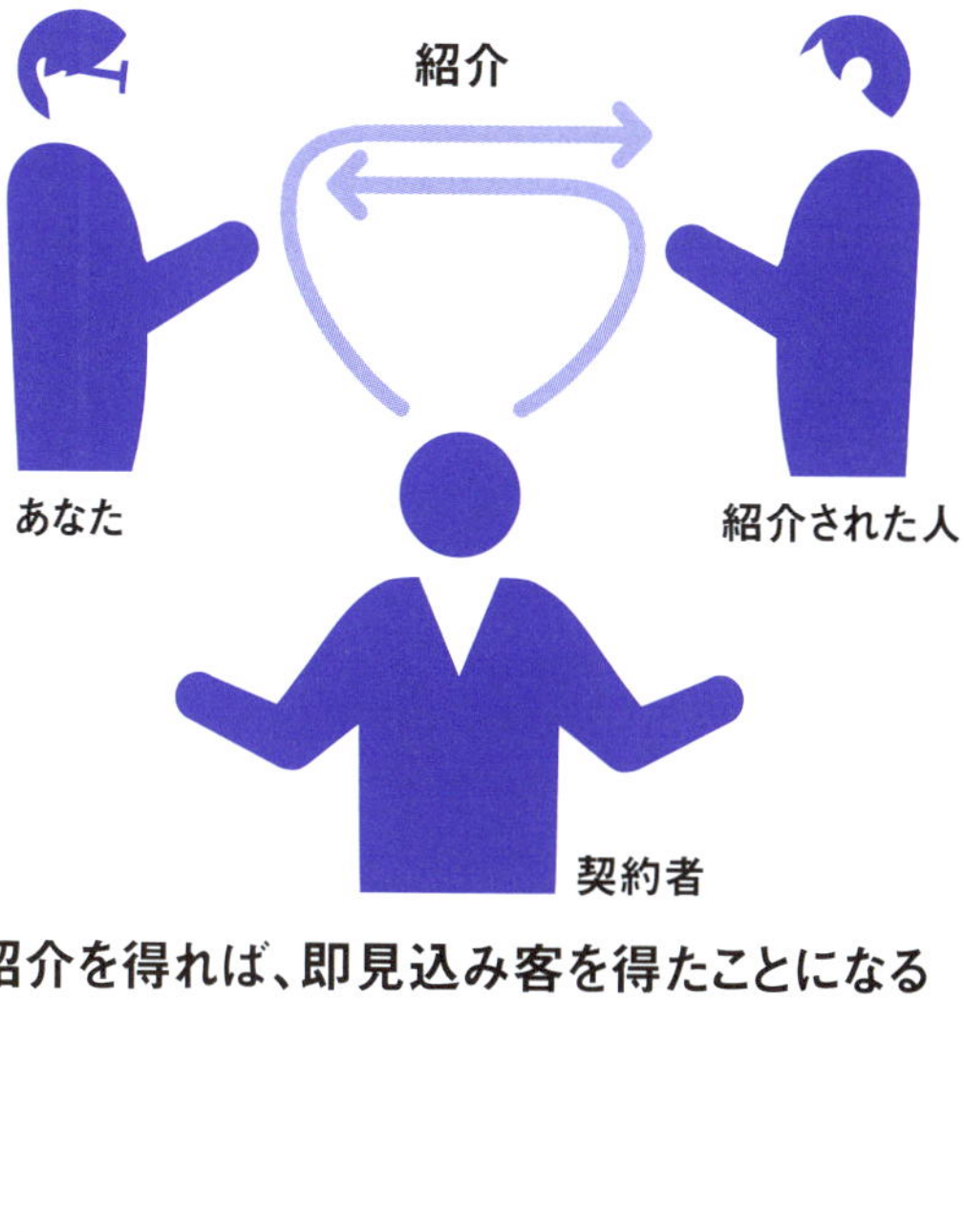
紹介
あなた
紹介された人
契約者

●紹介を得れば、即見込み客を得たことになる

# 5-15

# 紹介先には予備知識が有効になる

## 紹介入手のヒント②

### ▼キーパーソンとの信頼関係を譲り受ける

「顧客の4分類」で述べたとおり、知人を紹介してくれる人はキーパーソンになります。キーパーソンは、あなたの営業効率をアップしてくれる存在です。キーパーソンが紹介してくれる人とはどんな人でしょう。多くは近親者や友人となるでしょうが、高額商品を買うともなると、当然「経済的に余裕のある人」という条件を自ずと考えてくれます。

また、紹介してもらう友人は契約者と同じ職種であることが圧倒的に多く、その場合、キーパーソンと同様の環境にあるのですから、営業マンとしてはすでにセールスプロセス段階での予備知識は持っています。これをうまく使うのです。人脈を築くという行動には、本来、時間がかかるものです。紹介を得るというのは、そこを**ショートカットするのと同じ効果**があるのです。しかも行った先で「○○さんの紹介なら安心だ」というフレーズが出たとしたら、それは長い時間をかけて築かれたキーパーソンと紹介者の信頼関係の一部を譲り受けることになります。そしてこの連鎖を切らずに、流れを作り乗っていくことが重要です。

## 紹介されることの有利さ

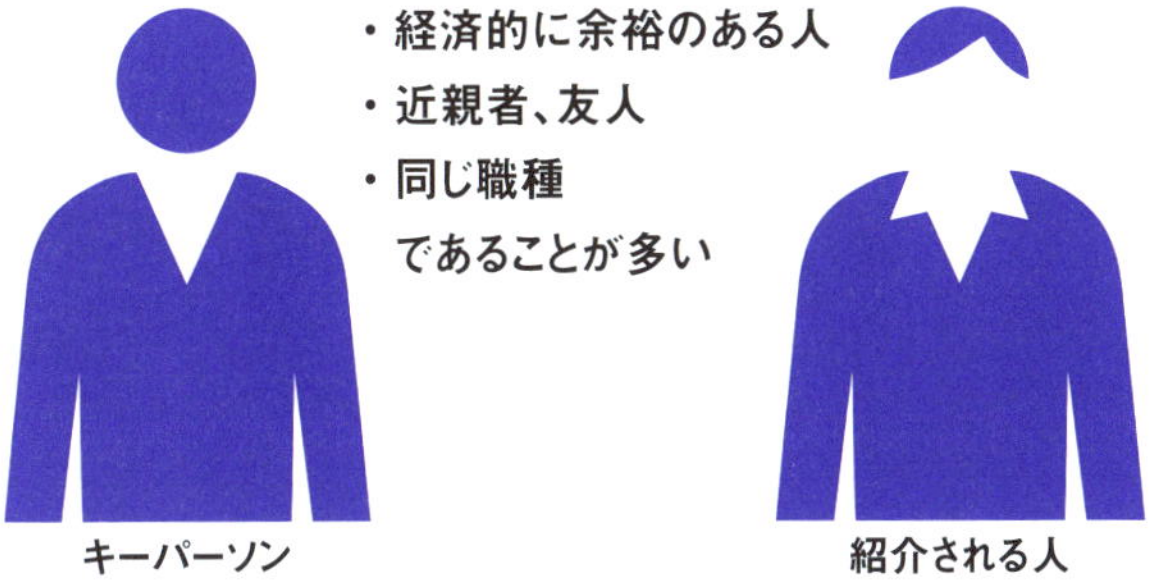


●セールスプロセスが共通しているのでショートカットできる

●キーパーソンと紹介された人との信頼関係を大切に

## 譲り受けた信頼関係の連鎖を切らない

5-16

# 紹介者の情報をペラペラ話さない

紹介入手のヒント③

## ▼信頼関係を保つために

紹介してもらった顧客に会ったときに、絶対にやってはいけないのが、紹介者の細かい情報を安易に話してしまうことです。

話の流れの中で、「そういえば、○○さんは最近どうしているの」となにげなく話を向けられることがあります。

ここでつい、2人は友人同士だからと安心して、紹介してくれた人の近況などをペラペラと話すのはタブーです。「とてもお元気そうでしたよ」「多忙をきわめているとおっしゃってました」といった当たり障りのない話にとどめ、それ以上の個人情報を聞かれたら、やんわりと「プライバシーに関わる部分なので」と断りましょう。

個人の細かい情報まで話すということは「次は自分のことも話される」と思われるということを肝に銘じましょう。**そうなったら、信頼関係は一瞬で失われるのです。**キーパーソンのおかげで、信頼関係の流れに自分が乗っているという自覚を忘れてはいけません。

## 契約してくれた人のことを必要以上に話さない

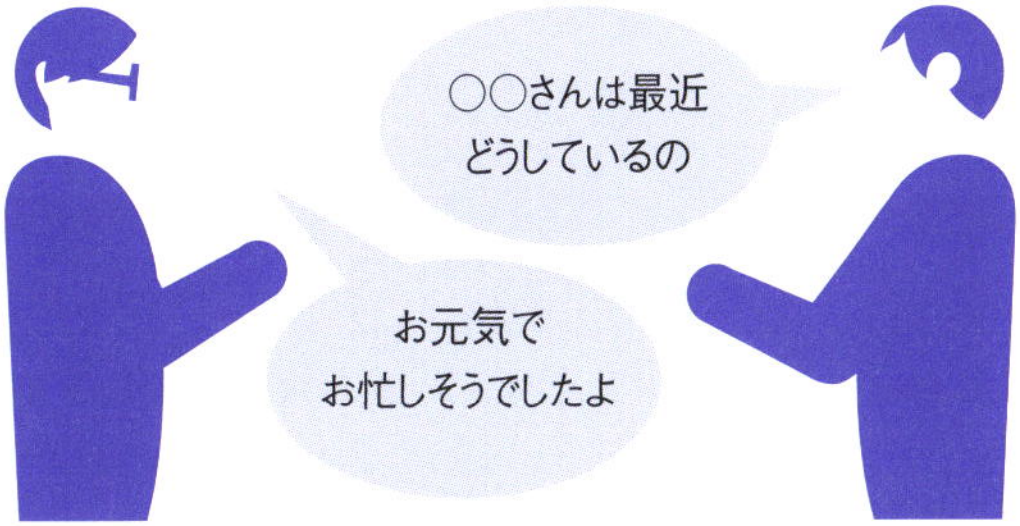
○○さんは最近
どうしているの
お元気で
お忙しそうでしたよ

●紹介してくれた人のことをベラベラしゃべらない

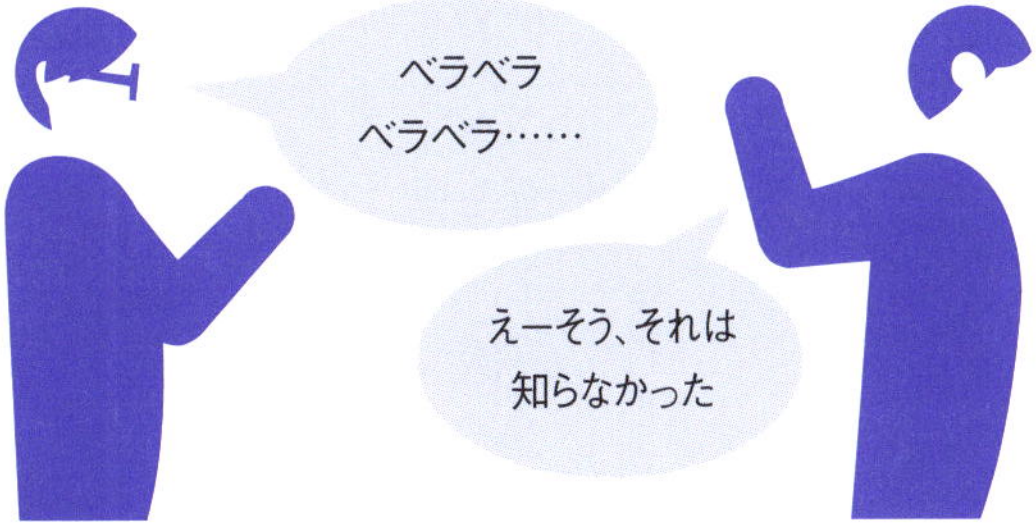
ベラベラ
ベラベラ……
えーそう、それは
知らなかった

●自分のこともよそでしゃべられてしまう、と思われる

## 信頼関係の流れに乗っていることを忘れずに

# 5-17

# キーパーソンへの報告を怠らないように

## 紹介入手のヒント④

### ▼次の紹介へとつながることも

紹介された相手に会ったら、後で必ずキーパーソンへ連絡を入れましょう。これもいままでは、話すよりもメールのほうがいいでしょう。

「今日、ご紹介いただいた、△△さんのところへ伺いました」「こういう感じの話をしました」程度でかまいません。契約になった場合は、もちろん「ご契約をいただけました」と連絡します。そうすれば「紹介した甲斐があったよ」と思ってもらえ、また次の人を紹介しようかという展開になることがあります。

実際、私の経験でも、何度も知り合いを紹介してくださったキーパーソンが何人もいます。**当然ですが、キーパーソンを多く持てば持つほど、成績は上がります。**

仮に、契約直後に紹介してくれなかったとしても、その契約者には、定期的に情報提供は続けていかなければなりません。営業マンの存在を忘れないでいてもらう努力を続けていけば、その後になって、紹介してくれるチャンスはめぐってきます。

## キーパーソンへの報告は怠らずに

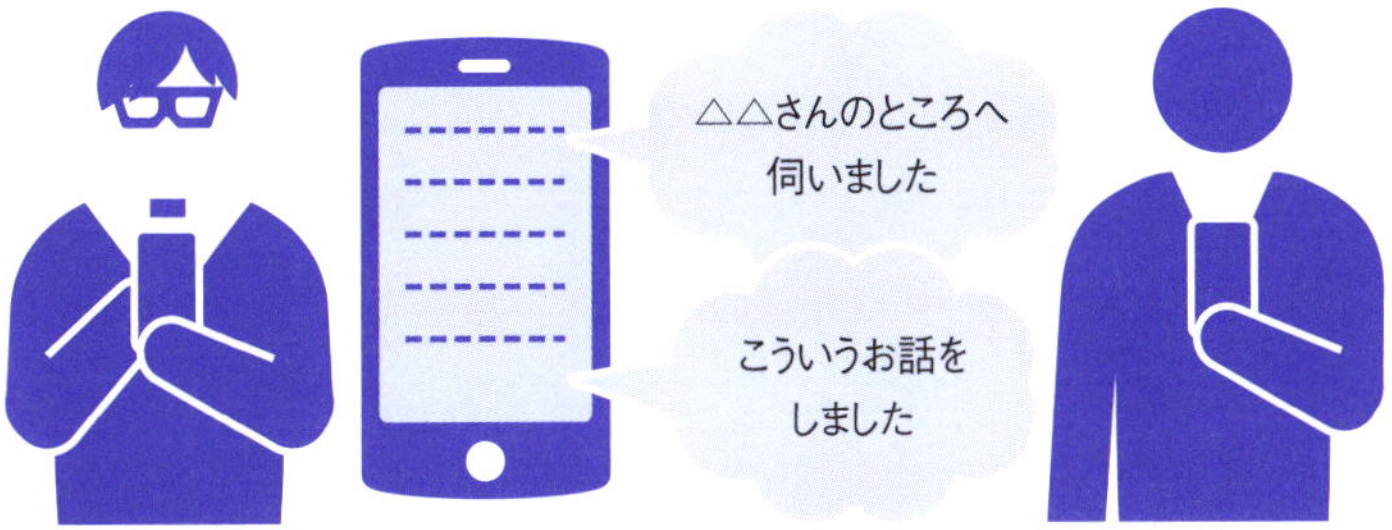
△△さんのところへ
伺いました
こういうお話を
しました

●報告はかんたんなものでかまわない

情報

●紹介がなくても定期的な情報提供を

**キーパーソンへの報告が**
**次の紹介につながるかもしれない**

# 5-18

# 紹介依頼は契約直後がベスト

紹介入手のヒント⑤

## ▼顧客の満足度が高いタイミングで

紹介の依頼はどのタイミングで切り出すべきでしょうか。実は、相手の満足度が高まっている**契約直後がベストなのです。**そのときは、契約を終えて満足しているときであり、同時に営業マンの提案を評価しているときでもあります。ですから、このときこそ、誰かに紹介してもいいかなと思ってくれるのです。決して後で行なおうとしないことです。

「今回の契約にはご満足いただけましたか?」と尋ね、その後に「そこでひとつ、お願いがあるのですが。○○さんと同じように、他の方にも満足のいくお話をさせていただきたいと思いますので、どなたかご紹介していただけないでしょうか」と聞いてみるのです。

紹介依頼は契約後であってもいいですが、その前段階のアプローチからヒアリングのあたりで、紹介する人をイメージするように布石を打っておくことも一法です。たとえば「○○さんは、そういった達成感のあるお仕事をされているんですか。**ご同僚の方たちも同じ思いでいらっしゃるんでしょうね**」などです。

## 紹介依頼は契約直後がいい

どなたかご紹介して
いただけないでしょうか

●「他の方にも満足のいくお話をさせていただきたく……」

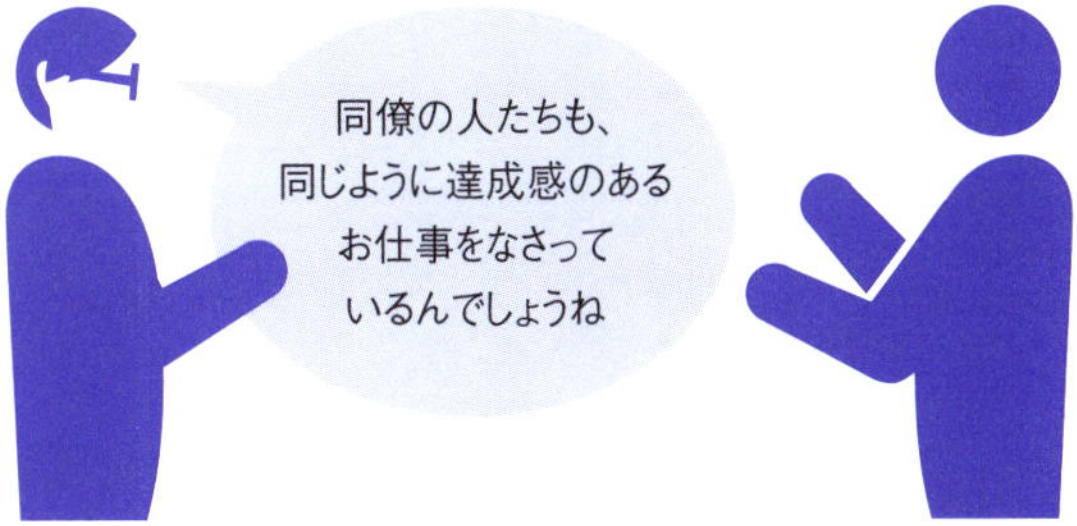
同僚の人たちも、
同じように達成感のある
お仕事をなさって
いるんでしょうね

●アプローチからヒアリング段階でも紹介を意識させる

**契約直後は営業マンの提案を
評価しているとき**

# 5-19

# 「誰を」「いつ」紹介するか、を意識させる

## 紹介入手のヒント⑥

### ▼契約者にその気になってもらうために

契約者の中には、直後に紹介する人を思いつかないという人もいるでしょう。そんなときは、**「誰を」「いつまでに」を匂わせておく**ことも有効です。

**「誰を」**については、クロージングの前段階で、知り合いや特定の誰かを連想しやすいように仕向けておくのです。「奥様のお友達にも、床暖房を希望されている方はいらっしゃいませんか」とか、ゴルフの話が出てきたならば「ゴルフはいつもどんなお仲間と楽しまれるのですか」と話を振ってみるのもいいでしょう。**「いつまでに」**については、「ではまた納車のときに伺いますので、それまでにどなたか考えておいていただけないでしょうか」という形にするのです。保険なら、「後日、医師の診断があるときにお聞かせください」となります。

人間は期限がなければ、なかなか実行しないものです。ましてや紹介は、営業マンには重要であっても、契約者にしてみればついでの話です。もちろん、人から期限を決められることが嫌いな人もいますので、そこは注意が必要です。

## 「誰を」「いつまでに」紹介するか匂わせる

奥様のご友人……
ゴルフのお仲間……

●特定の誰かを連想させる

納車でお伺いする
ときに……
健診のときに……

●いつ紹介するかも意識させる

**人間は期限がなければ、なかなか実行しないもの**

# 5-20

# 商品によっては紹介相手を限定する

## 紹介入手のヒント⑦

### ▼アプローチがしやすくなる

扱う商品によっては、自ずとターゲットが限定されています。こうした場合は、紹介してくれる人を限定して聞くことも大切です。

法人営業（B to B）で、トップの判断がないと進まないタイプの商材なら「お知り合いで、ほかにどなたか経営者の方はいらっしゃいませんか」と限定してもいいでしょう。また B to C の車、家、保険等は、人生の節目と関係するので、そこに的を絞る聞き方もあります。「どなたかお知り合いで、最近、結婚された方はいらっしゃいませんか」「お子さんが生まれたという方はいらっしゃいませんか」という聞き方です。

これなら「そういえば、この間会ったあいつは最近……」と連想しやすくなります。契約者は商品の内容を知っているだけに適切な人を紹介してくれるでしょうし、その人への紹介のときもきちんと商品の概要を説明してくれるものです。その分、営業マンにとっては次の顧客へのアプローチはやりやすくなります。

## 商品にふさわしい人を紹介してもらう

どなたか経営者の方は
いらっしゃいませんか

●ターゲットを絞って紹介してもらうことも

そういえば、この間
会ったあいつ……

●商品の内容と結びつけて連想してもらう

**契約者は商品の内容を知っているだけに
適切な人を紹介してくれる**

5-21

# メールのCCに自分を入れてもらう

紹介入手のヒント⑧

## ▼相手の人脈に入り込む

紹介の依頼をして、すぐその場で紹介の電話をかけてくれる契約者もいます。それはそれでありがたいのですが、いまの時代は、連絡はメールのほうが主流でしょう。相手もすぐ出る必要がないので、送るほうも心理的にやりやすいといえます。

そこで、あなたのメールアドレスやあなたの会社のホームページのアドレスを、メールの本文に入れてもらうようにお願いします。と同時に「メールを送る場合には、CCやBCCでかまいませんから、ぜひ私あてにも同じものを送ってください」と頼んでみましょう。そのとき、「営業マンの○○さんにもCCで同じものを送っておきました」と添えてもらうようにします。これで紹介相手のメールアドレスを自然に入手できるわけです。

その後「××さんからご紹介いただいたF社の○○です。一度お時間をいただけないでしょうか？」というメールを送るのです。こうすれば人脈の中に自然に入り込めますし、仮にそのときに成約に至らなかったとしても、見込み客のリストが増えていきます。

## メールを活用した人脈作り

CCやBCCで
私あてにも
同報してください

●「営業マンの○○さんにもCCで送りました」と添えてもらう

××さんからご紹介
いただいた○○です

●契約者の人脈の中に自然に入り込む

**すぐに成約に至らなくても**
**見込み客リストが増えていく**

# 5-22

# 目標数値をセールスプロセスにあてはめる

### 紹介入手のヒント⑨

## ▼契約者の目標数値から逆算する

営業マンには目標数値があるでしょう。たとえば年間の売上目標が3000万円だとして、どういう計画を立てるべきか。**それはセールスプロセスの各段階に目標数値をあてはめていくことです。ポイントは、最終段階からの逆算です。**年間目標が3000万円なら、月間では250万円の売上が必要。それには、月間8人の契約者を必要とします。週単位なら2人と契約することです。この数値を、セールスプロセスの各段階であげていきます。

プレゼン(プランニング含む)からクロージングに至る確率が50%なら、毎週4件のプレゼンが必要。以下、各段階に移れる確率を50%とすれば、8件のヒアリング、16件のアプローチ、32件のアポイントが必要となります。これを実行するには段取り力が必要です。週の前半と後半では、それぞれ段取りをしていかないと、同じ日にプレゼン等が重なってしまいます。もっとも、32件のアポイントを取ろうにも会える客がいないのでは話になりません。一方では紹介入手などで見込み客を確保しておく努力が重要です。

## 紹介入手のヒントのまとめ

**❶紹介依頼は契約直後に行え**

「○○さんと同じように、ほかの方にも
満足のいくお話をさせていただきたいと思いますので、
どなたかご紹介していただけないでしょうか」

**❷「誰」と「いつ」を誘導する**

「奥様のお友達にも、床暖房を希望されている方が
いらっしゃいませんか」
「ではまた納車のときに伺いますので、
それまでにどなたか考えておいてください」

**❸商品によっては紹介相手を限定する**

「どなたかお知り合いで、最近、結婚された方はいらっしゃいませんか」

**❹メールのCCに自分のアドレスを入れてもらう**

「CCやBCCでかまいませんから、
ぜひ私あてにも同じものを送ってください」

**❺目標数値をセールスプロセスにあてはめ計画せよ**

月間8人の契約者が必要としたら、毎週2人と契約しなければ
ならない。プレゼンからクロージングに至る確率が50%なら、
毎週4件のプレゼン、8件のヒアリング、16件のアプローチ、
32件のアポイントが必要となる

コラム

# ブルーオーシャン市場を プロフィット・トークで開け

企業にアプローチをするとき、普通、どういう部署へ行くでしょう。保険の営業マン、コピー機の営業マン、税理士も概ね総務部門へ行くのではないですか。そこで「ぜひ契約を」とお願いするのは、どういう意味があるでしょうか。企業にとってはそれらへの出費は損益計算上の「コスト」の部分に当たります。コスト上昇の要因になることを、みんながプレゼンをしに行く。しかもそこは、競合ひしめくレッドオーシャンの市場、下手すれば価格下げ競争になる。ここで行なわれているのは、レッドオーシャン市場での「ロス・トーク」なのです。

そうではなくブルーオーシャン市場があります。その商品で「顧客の売上を上げる」提案をするのです。対象者は主に経営者。たとえばコピー機の営業であれば、これを使えば従来より優れた販促チラシが自前でできてコストも下がり、顧客企業の売上が上がることを提案するのです。場合によっては提携先も紹介します。経営者は喜び、それなら採用しようとなれば、そのトークは「プロフィット・トーク」です。市場は晴れわたっており価格競争もなし。このようにトップ営業マンは「プロフィット・トーク」で市場を開拓するのです。

# 第6章

# 営業活動をスムーズにするためにやるべきこと

# 6-01

# 席を立つときは、隣の人に一声かける

## 社内コミュニケーションの秘訣①

### ▼ザイオンス効果を活用する

成果を上げる営業マンは、社内でのコミュニケーションも上手なものです。コミュニケーション上手になるコツは、**まず周囲の人の名前を覚えてしまい、名前で呼ぶことです。**顧客も関連部署の方も「○○さん」と名前で呼べば印象がよくなり、勘違いもおきません。

またコミュニケーション上手の人は席を立つときに「○○に行ってきますが、何かありますか？」と必ず声をかけます。ついでに用事はないですかということです。些細なことですが、こういった積み重ねが仲間とのいい関係につながるのです。

一方、まったく声をかけてこない人もいます。こういう人は「あれ？　さっきまでいたのに、どこに行った？」と思われるものです。黙って仕事をして、黙って外出しているからです。これだと社内でのコミュニケーションもうまく図れません。相手に接する回数が多いほど、その人に好感を抱くことを**ザイオンス効果（単純接触効果）**といいます。席を立つときに周囲に一声かけるだけで、好感をもたれコミュニケーションが円滑になります。

## 接触を繰り返す相手ほど親しくなる

TVCM
楽曲
友人
恋人

人でも歌でもＣＭでも接する回数が多いほど好印象になる

出かけてきます。
何かありますか？

周りの人には必ず声をかける

# 6-02

# 感謝はできるだけ形に表す

## 社内コミュニケーションの秘訣②

### ▼ささやかでも相手に気持ちが伝わるものを

たとえば会社の別の部署の人から、あなたがたまたま仕事の手伝いを頼まれたとします。あなたは「お礼はしなくていいですよ」というでしょうが、結果的にかなりの労力を使うはめになってしまって、本当に何もなかったら、どういう気分でしょうか？

こんな人には、次からは協力したくなくなるはずです。「お礼なんて、いいですから」「水臭いことを言わないでください」などと、何かを頼んだときには言われがちですが、お礼を辞退されているからといって、ここで何もしないのはよくありません。

感謝の気持ちを言葉で伝えるのは当然のこと、それだけではなく、なにか形に表しましょう。たとえ飲み物ひとつ、お菓子ひとつでもかまいません。「おつかれさま会」を近くのお店でセッティングするなどもいいでしょう。金額の多寡の問題ではなく、ちょっとした（形にした）心遣いこそ、相手に伝わるものです。**感謝を形に表せる人は、周りの皆から自然に協力してもらえるようになり、その後の仕事がやりやすくなっていきます。**

## 相手に気持ちが伝わる感謝の形を

コレやって
おきましたヨ
どうもありがとう

仕事を手伝ってもらったら

これ、このあいだのお礼。
ケーキ買ってきたヨ
気遣ってくれて
ありがとう

お礼の気持ちはささやかでも形にしよう

# 6-03

# 人の悪口・陰口はなにもいいことはない

## 社内コミュニケーションの秘訣③

### ▼人を褒めるときは第三者経由が効果的

成績が悪くて苦戦している営業マンに限って「まったく、うちの上司がダメでねぇ」などと上司の悪口や陰口を言っています。こういう人は、ほとんどうまくいきません。原因は2つあると考えます。1つはその事実が回り回って悪い形で、後に上司の耳に入ってしまうことです。そしてもう1つは悪口を言うたびに、実は自分にも悪い暗示をかけてしまっているからです。これでは気持ちもネガティブになり、普段の仕事も調子が上がらなくなるものです。

一方、好業績の営業マンは「うちの上司は協力的で、ありがたいです」と話しています。これも回り回ってさらにいい形で伝わります。「あなたのことを、すごく褒めていたわよ」と第三者から上司に伝われば上司も嬉しいですし、直接言われるより効果が高いものです。こうなると社内の雰囲気はよくなり、仕事もやりやすくなるのは当然です。**営業で成果を上げる以前の問題として、社内での人間関係を円満にしておくことは、とても重要です。**

# 営業成績以前に社内の人間関係を円満に

うちの上司は
面倒見が悪くてネ～

人の陰口を言うとネガティブな影響が返ってくる

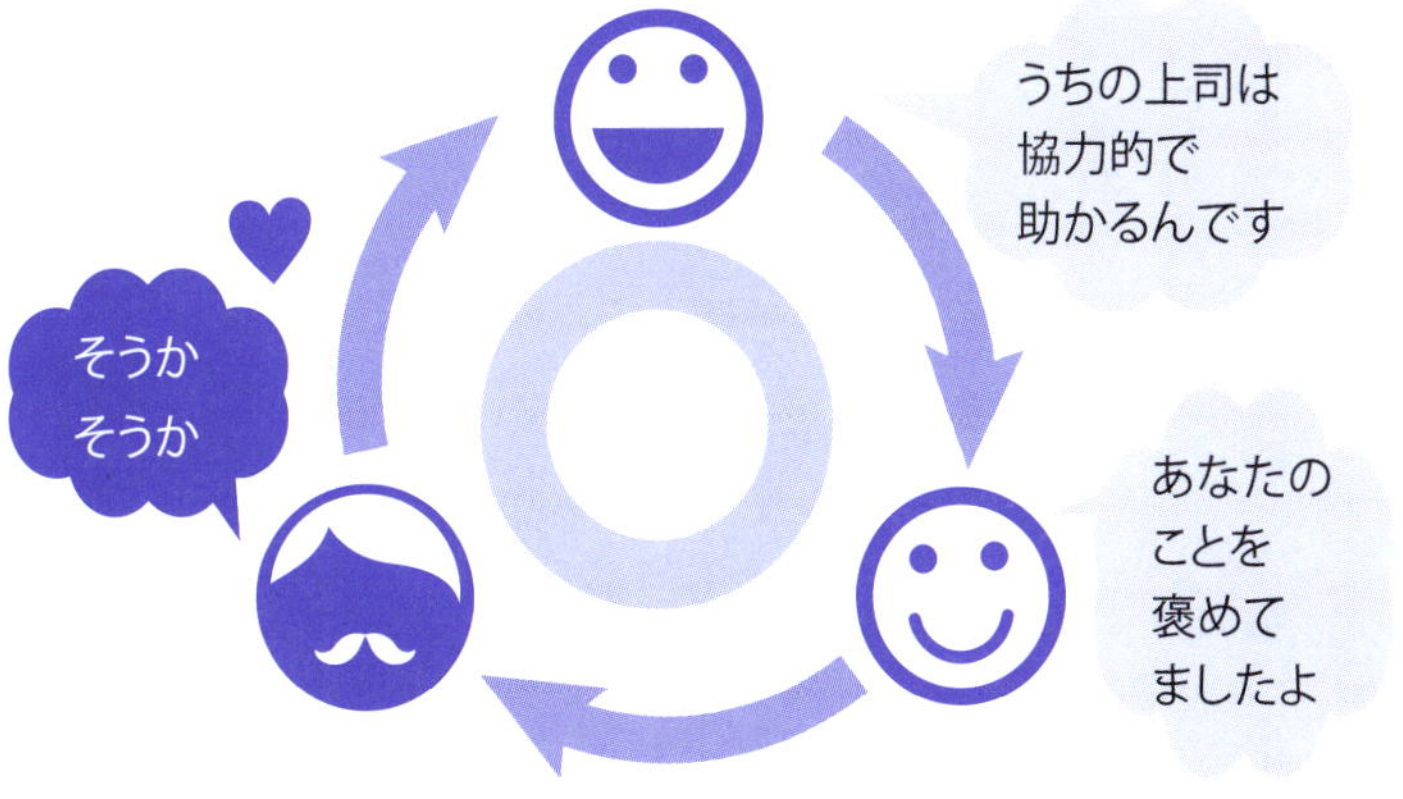
うちの上司は
協力的で
助かるんです
あなたの
ことを
褒めて
ましたよ
そうか
そうか

「陰口」より「陰ぼめ」が効く

# 6-04

# 上司に対する苦手意識を捨てよう

## 上司とうまく付き合うには①

### ▼誰にでも弱点はあるものだ

それでも「いまの上司はどうも苦手だ」という人は多くいます。営業自体が辛くて辞めるのではなく、上司との関係がうまくいかず職場を去る人も少なくありません。しかしちょっと待ってください。そもそも一般的に上司は年上で、価値観や考え方が合わないのはしかたがないことです。**それを前提として、上司に対する苦手意識を捨ててください。苦手だと思い込むと、営業の仕事もうまくいかなくなります。**

好きになれとまではいいませんが、まずは苦手意識を捨てましょう。そのための方法としては、その人について垣間見た、ちょっとしたいいイメージをふくらませて見てみることです。たとえば「いつも偉そうだけど、家では、娘にだけは弱い」と知ったなら、そのイメージを前提に見るようにします。そう考えるだけで、少し苦手意識がなくなります。

「上司とうまく付き合うのも、仕事のうちだ」と考えるのです。上司との関係は仕事では極めて重要です。置かれた状況で、うまくやる方法を考えるのも、営業マンの仕事の1つです。

# 上司に対する苦手意識をなくそう

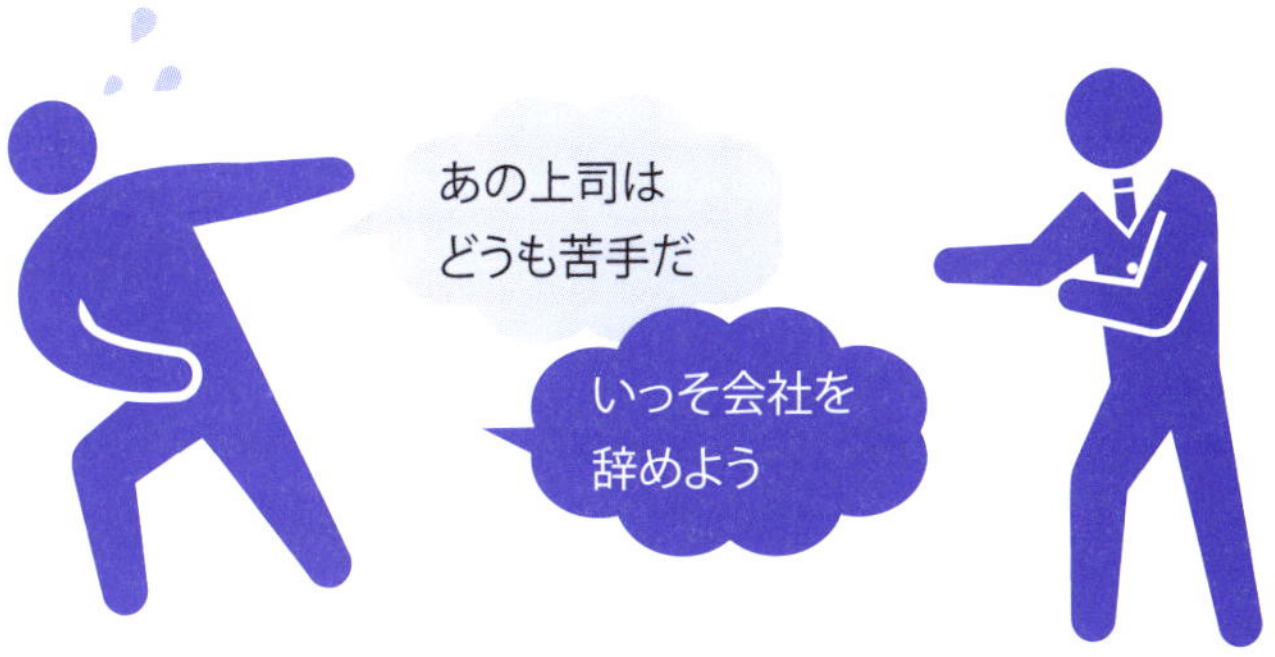
あの上司は
どうも苦手だ
いっそ会社を
辞めよう

価値観や考え方が合わなくて当たり前

娘にだけは
弱いらしいな
娘
娘にだけは
かなわん

上司と対立してもいいことはない。つきあうのも仕事だ

# 6-05
# 上司を上手く利用する方法を考える
## 上司とうまく付き合うには②

### ▼たまには上司に花を持たせたり

**優秀な営業マンは、実は上司でさえ上手に利用します。**商談の場で空気が読めずにとんでもないことを言い出し、これまでの交渉をつぶしてしまいかねないような上司でさえも、避けたり嫌ったりするのではなく、付き合い方を工夫しています。こうしたときは、顧客との商談を進め、もうハンコを押せばいいだけの状態にしておいてから、最後に上司を同行させて調印するのです。顧客も会社の偉い方が来たということで喜びますし、上司のほうも満足します。こうすれば、すべて丸くおさまるのです。

上司と対立していても、なにもいいことはありません。

どんなに契約を取ったとしても、上司との関係がよくないと長続きしません。身近に敵がいることになります。これではいい成績を上げ続けることはできないのです。営業マンは、顧客と良好な関係になる方法を、日々いろいろと考えているでしょう。その何分の1でもいいから、同じように上司ともいい関係になる方法を考え工夫しましょう。

## 顧客と同様に上司ともいい関係を

課長、今日は
契約です。
ぜひご同行ください
よし、
わかった!

たまには上司に花を持たせる

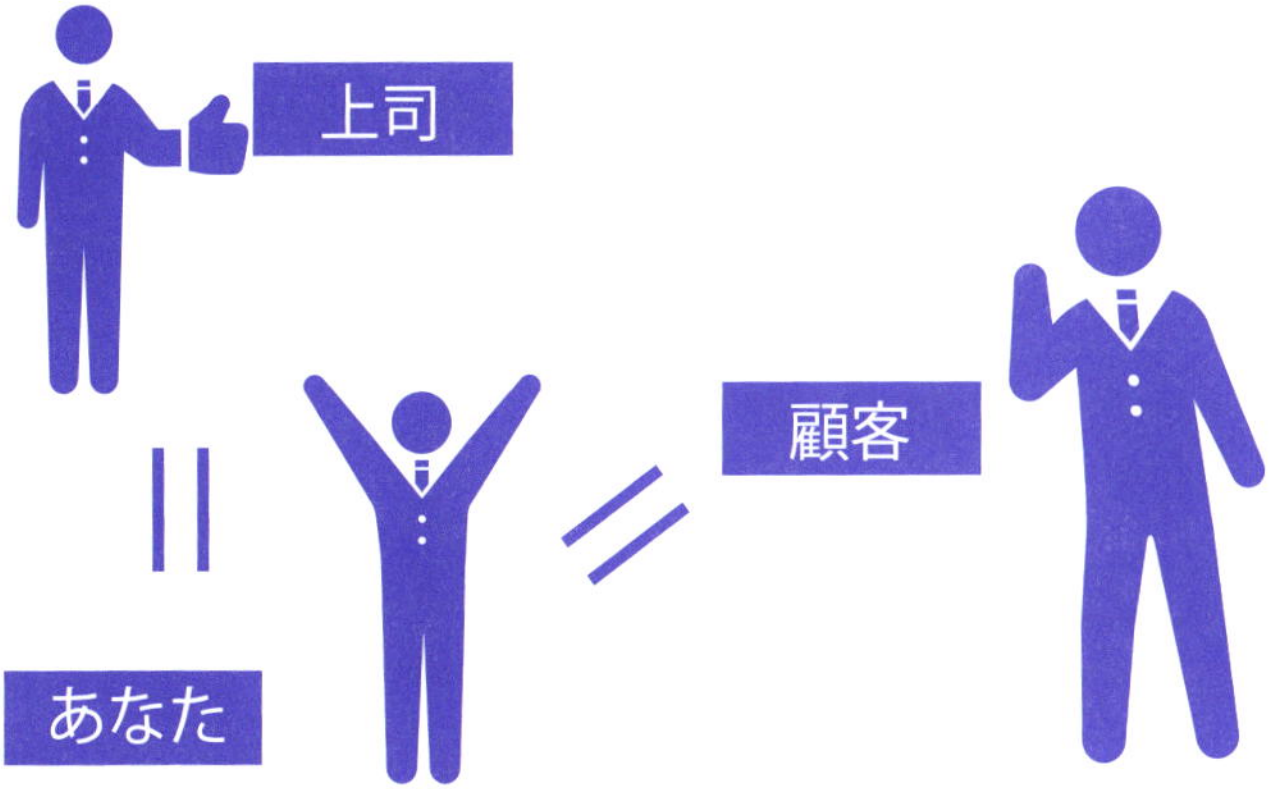
上司
顧客
あなた

上司とのうまい関係が顧客との関係も良くする

## 6-06

# 怒られたら黙って3分待て

上手な叱られ方

### ▼おさまるまで言い訳したり口をはさんだりしない

怒られているときに、途中で口をはさんだり、言い訳をしたらどうなると思いますか？ほとんどの場合、火に油を注いでしまい、よけいに悪い結果になりかねません。そうならないため、上司や関係部署の人から**怒られたときは、「まず黙って3分待つこと」を実践**しましょう。そもそも3分間にわたって怒り続けられるという人は多くありません。黙って聞いていれば、徐々に怒りはおさまるものです。濡れ衣のような事態であっても、3分は聞いて、その後で話すべきです。

これは顧客が相手でも同じです。顧客からクレームを受けたときに言い訳をしたり、口をはさんだりするとよけいこじれます。怒られる時間は何倍にも増すのです。顧客に対してもよけいなことを言わないほうが早くおさまります。何か弁解するのなら、相手の言いたいことが済んだ後に言ってください。上司もしくは顧客に怒られたときは、まず3分間黙って聞きましょう。それが怒りを最小限に抑える、一番の方法です。

## 相手の怒りがおさまるまでじっと待つ

アレヤコレヤ
ガミガミ……
はあ、はい

3分待てば小言は頭の上を通り過ぎるもの

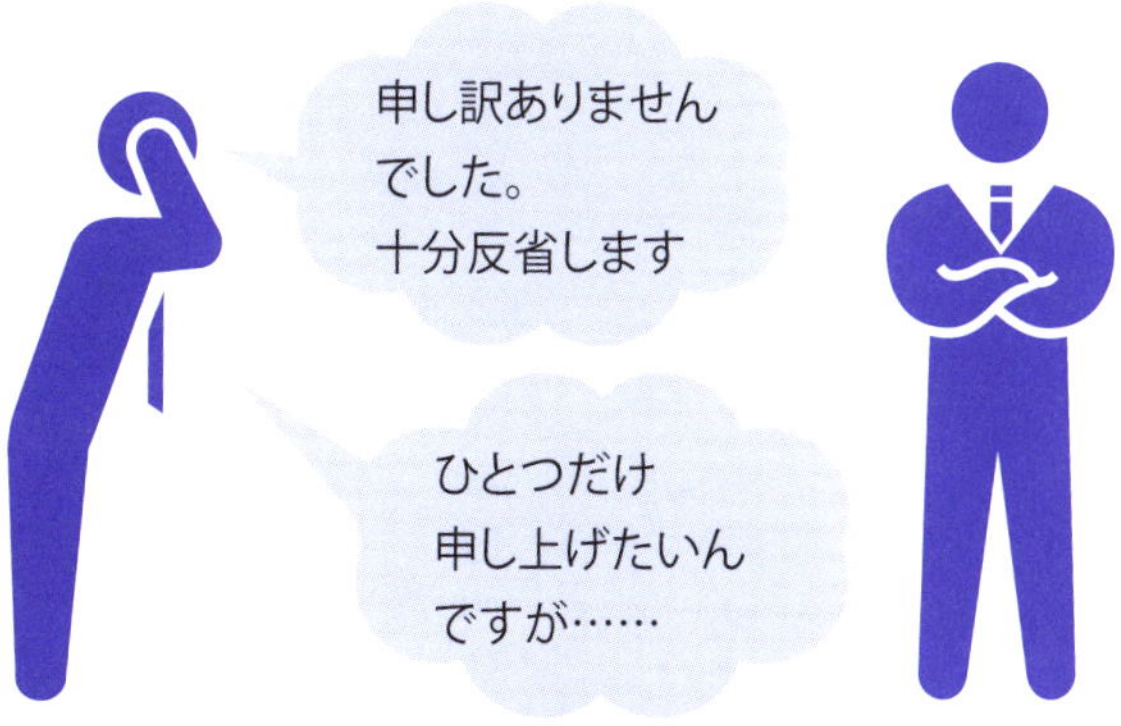
申し訳ありません
でした。
十分反省します
ひとつだけ
申し上げたいん
ですが……

言い訳したり、口をはさんだりせず、
弁解は相手の言い分が済んでから

# 6-07

# 先達の教えを素直に実行する者が成功する

## 「どうせできない」が一番ダメ

### ▼無意識の否定をしないこと

会社によっては、人材育成のためにさまざまな研修や勉強会を準備します。そしてこうした研修を受けた直後は、多少やる気が出るものです。しかし、少し時間が経てば、元のままの自分に逆戻りします。そうなってしまう一番の原因はなんでしょうか。いい話を聞きながら「まあ、言っていることはわかるけど、自分にできるわけがない」と初めから思っているからです。こうした「無意識の否定」が足を引っ張り、せっかく勉強したことが、結果につながらず無駄になってしまうのです。

一方、成績を上げる営業マンは、私の知る限りそうは考えません。**同じ話を聞いても「いいことを知った。よし！　すぐにやってみよう」と常に前向きに捉えます。**そして素直に実行し結果を出すのです。研修で勉強したとき、「そんなことをやってもうまくいくはずがない」と思うのか、それとも「さっそくやってみよう」と思うのか。この両者では、後に天と地ほどの差が出てきます。素直に実行する人だけが、結果を出していることを知っておきましょう。

## よいことは即実行に移そう

言うことは
よくわかるが、
自分にできる
わけがない
無意識の否定

研修会などで学んだことが結果につながらない

いいことを
知った。よし、
今日からさっそく
やってみよう!
即実行

前向きに捉えて実行するものだけが成功する

コラム

# 自分より優れたところを見て誰からでも何でも取り入れよ

あなたの周りに、自分のことは棚に上げておいて「君は○○といった短所がある」「お前はこういうところがダメだ」などと欠点ばかりをあげつらう人がいないでしょうか？　そういった人は今後も成長することはありません。相手の短所や欠点を見つけて、指摘しても何のメリットもないのです。そんなことをするより相手の長所を見つけ「自分にはできていなくて、取り入れられるところはないだろうか？」と考えたほうが何倍もメリットがあります。

できる営業マンは誰からも学び、その後の営業活動の糧にしています。自分より成績が下の営業マンであっても「顧客への電話のかけ方」「雑談のネタの収集法」「社内での立ち居振る舞い」など、自分に欠けていて役に立ちそうなら、参考にして取り入れています。世界一のゴルファーになぜレッスンプロがいるのか。頂点に立っても、まだ学ぶことはあるのです。人の長所を見つけ学ぶ人は常に成長し、結果を出します。それは他をみて「あら探しをする」のではなく、「何か自分に参考になることはないか？」というスタンスの差です。そこを踏まえれば、周囲の見え方が違ってきます。

# 第7章

# 営業活動に存分に活かすIT

7-01

# もし営業活動でＩＴがなかったら

営業の手間を省ける技術

## ▼会わずに情報伝達できるメール

私の営業マン時代には、商社でも生命保険でもＩＴ活用はありませんでした。携帯電話すら使い出したのは最後のほうです。その頃、よく営業マンが使っていたのがポケットベルです。若い人は知らないかもしれませんが、これは会社から無線で呼び出すとピーッと音がする装置です。音が鳴れば、営業マンは会社に電話をします。そして用件を聞いて、顧客からの用事なら、またそちらへかけ直すのです。会社が情報の中継地になっていて、時間と手間がかかったのです。外にいた場合は、公衆電話を探してかけていました。

ところがＩＴの登場のおかげでずいぶんと手間が省けました。**ＩＴは営業の手間をショートカットできる**のです。人と多く接触する仕事で、これを活用しない手はありません。なかでもメールは一気に多数に送れることと、多忙な人にとっては、電話よりは喜ばれる伝達手段なのです。潜在ニーズを喚起したくても、会えない、話せないでは前に進みません。ところがＩＴ時代では、会わなくても伝えることができるのです。

## 会わなくても多数に同時に情報提供

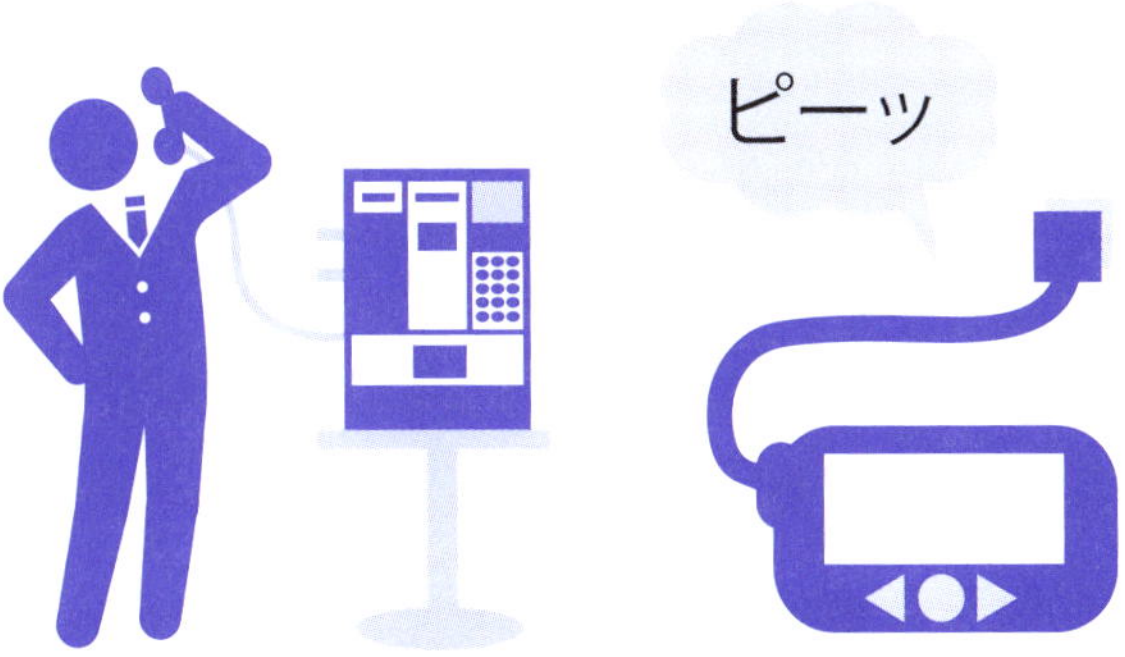


●ポケベルが鳴ったら会社に電話していたケータイ以前

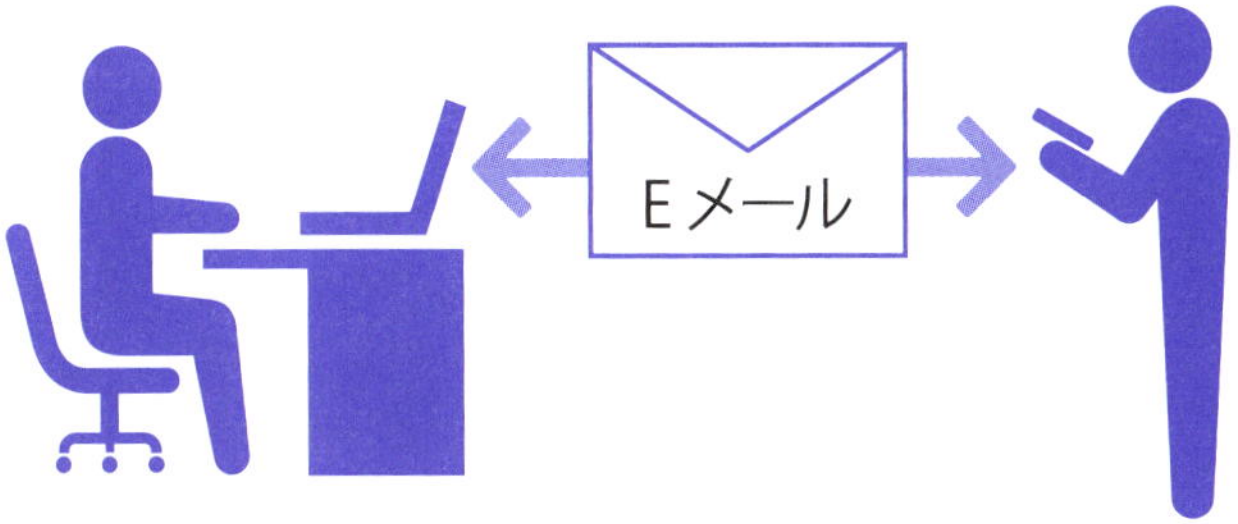


●営業にEメールを活用しない手はない

## 7-02

# メールは敬遠されない飛び込み営業

### ここでも売り込みは禁物

### ▼情報提供に徹する

顧客との接点を作るのに最も早いのはメールです。ある意味では、IT時代の〝**敬遠されない〟飛び込み営業**といえます。しかも簡単に返信できますので、家などへ飛び込んで話すより後のレスポンスが速くスムーズです。ただし、ここでも禁物なのは売り込みです。「自動車を買い替えるご予定は？」などと切り出してはいけません。名刺交換をしてアドレスがわかれば、あまり時間をおかずに、お礼とともに有益な情報提供をさせてもらえないかというお伺いのメールを出すのです。お礼が入っているので、メールを受け取ったほうもほとんど抵抗はないはずです。

ほかには、年賀、（わかれば）誕生日、クリスマスといったタイミングで情報を提供していきます。もし名刺にアドレスが書いてないなら、ショートメールを使うのもいいでしょう。名刺交換をしたら1週間以内には、こうした情報メールを入れて、**エビデンス（証拠）**を相手の携帯電話（スマートフォン）やパソコンに残すようにしましょう。

# 情報提供させてくださいとメールする

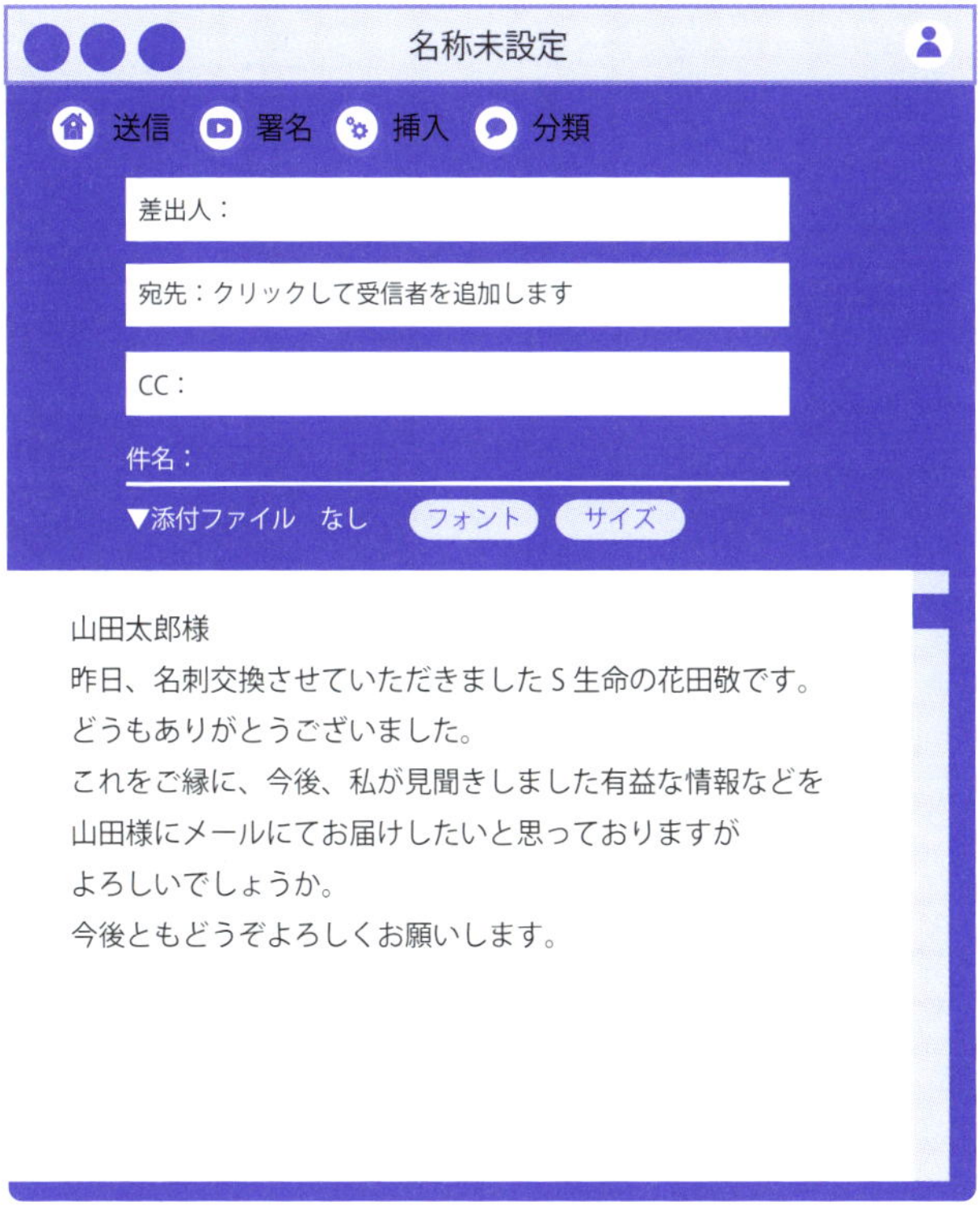
名称未設定
送信
署名
挿入
分類
差出人：
宛先：クリックして受信者を追加します
CC：
件名：
▼添付ファイル　なし
フォント
サイズ
山田太郎様
昨日、名刺交換させていただきましたＳ生命の花田敬です。
どうもありがとうございました。
これをご縁に、今後、私が見聞きしました有益な情報などを
山田様にメールにてお届けしたいと思っておりますが
よろしいでしょうか。
今後ともどうぞよろしくお願いします。

●名刺交換したら間をおかずに送信する

# 7-03

# 顧客のスマホに入り込む

SNSも使いこなそう

## ▼いつでも顧客の相談に乗れるように

最初のうちはメールで情報を提供していても、顧客によってはフェイスブックやラインといったほかのSNS（ソーシャルネットワーキングサービス）を愛好していて、情報はこちらへ入れてほしいという例も出てきます。そういう場合は遠慮なく、メッセージ機能などを使い情報を流しましょう。だいたい忙しい人ほどいろんなことを、スマートフォン（の機能を使って）だけで手早くすまそうとするものです。この傾向は、最近の医者や経営者などの高額所得者に多くみられます。スマホに入り込むなら、高所得者を優先すべきです。

そうした人々のスマホのコミュニケーション機能の中にスムーズに入り込んでおけば、普段は関係なくても、あなたの業界に関わるような案件が出てきたときに、まずはあなたに相談してみようという行動に出やすいはずです。**「ちょっと聞いていいかな」といった連絡がきたら、あなたは、その顧客にとってかなり「身近な」人になっているということです。**そういう相談に乗って会うことが、すぐにではなくても好結果につながるのです。

# スマホを使ったコミュニケーションを活用

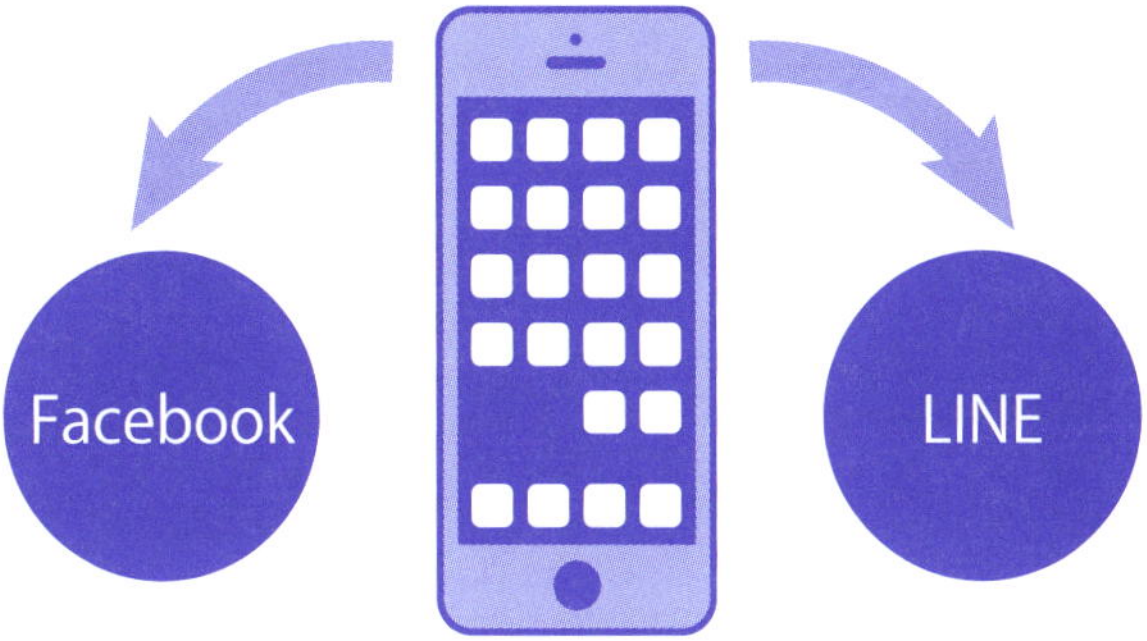
Facebook
LINE

●SNS を使いこなす顧客も多い

ちょっと教えて
ほしいことが
あるんだけど…

●顧客にとっての「身近な」人になる

# 7-04

# SNSで情報発信しよう

## アプローチ段階へつなぐ

### ▼あなたを思い出してもらうために

セールスプロセスで解説した通り、会って話をするというアプローチが最も敷居が高いのです。ここを上手に通過せずにヒアリングへはいけませんし、プレゼンもできません。初対面でいきなりプレゼンをする士業の人を見たことがありますが、これなどは典型的な営業を知らない人といっていいでしょう。うまくいくはずがありません。

メールで定期的に情報発信している、あるいはSNSでコミュニケーションしているということは、アプローチ段階の近いところにいるということです。しかし、相手があまりあなたを意識しておらず、うろ覚えという場合もあります。そういうことにならないためには、あなたのことがわかる個人のブログやフェイスブックページを作っておき、メールにはそのアドレスを添付することをおすすめします。なおフェイスブックでは、仕事と趣味が半々くらいの内容で、仕事のほうは過去のイベントなど、趣味のほうもおいしいお店紹介などを掲載します。わかる人が限られるマニアックなテーマは避けたほうがいいでしょう。

## 自分を紹介し、思い出してもらうツール

メールや
SNSで
情報発信
会って話す
アプローチ
段階

●メールや SNS で情報発信しても意識されないことも

花田敬
1月30日　16:46・Tokyo 東京都　中央区・
EFP20周年記念イベント第1弾。
福岡で開催
売り込まなくても売れるマネーセミナー営業メソッド 1day 講座
画像は10大特典の一部。
http://blog.goo.ne.jp/e-.../e/bedd75864ebade2126f99fa948003937
いいね！
コメントする
シェアする

●フェイスブックやブログへ誘導する

# 7-05

# スマホでプレゼンまでいける！

## ポッドキャストの活用

### ▼欲しかったら来なさい

セールスプロセスでいうプレゼンの段階に近いことを、ＩＴを使って行なうことも可能です。コラム１で紹介したように、テレビ通販は大多数を相手にデモンストレーションを行ない、商品特性を伝え、お望みの方は「この番号へ」と映像でクロージングにまでもっていきます。これに近いことを「ポッドキャスト」という音声と画像がついたソフトを使えば、一般のスマホでもできます。まずメール情報の配信数を名刺管理により増やします。２０００といった数になれば、個人レベルでは大人数です。そして近況メールにポッドキャストのアドレスを添付して送付。中身は**過去に行なったセミナー（イベント）**などの概要です。ご興味がある方は見てくださいというのです。そこには第三者の反響の声なども入れておきます。第三者が参加して「よかった」というのがポイントです。そしてまた次回に行なうときにはお知らせしますとしておけば、一度見た参加者はプレゼンを受けた状態で来ることになります。**一度情報を与えてから、欲しいなら来なさいという、テイクアウェイセリングです。**

## IT活用してプレゼン段階へ

こちらまで
お電話を
○○○○

●プレゼンからクロージングまでもっていくTV 通販

このセミナーに
参加してよかった!

●ポッドキャスト機能を使えばプレゼンもできる

# 7-06

# 目的は集客とセリングを円滑にはかること

アップセルなどが目的

## ▼目的と手段をはき違えない

庭の植木用の「高枝用剪定切りばさみ」のテレビ通販を見たことがあるでしょうか。あれを見てどう思いますか。あの程度の値段の商品をテレビ媒体を使って元が取れるのだろうか？　そういう考え方もあるでしょう。私の想像は違います。ここからはあくまで想像だと断っておきます。庭に植えた木の枝を、専用剪定ばさみを買って切るというと、その購入者は豪邸に住み時間のある方、すなわち高齢の富裕層ではないでしょうか。その企業は、まずははさみを買ってもらい集客のための顧客リストをつくる。一定量のリストができれば、個別にもアプローチできる。ここで考えられるのが**「アップセル」**という手法です。ジャケットを買いに行くと、それに合ったネクタイもシャツもほしくなるもの。**その商品に付随した別のものも売る**のです。剪定ばさみはそのためのもので、ほしいのは顧客リストだと思います。

**ＩＴは日進月歩ですが、忘れてはいけないのは、それは集客とセリングを円滑にする手段だということです。**目的と手段を、はき違えないことを肝に銘じましょう。

## ITはあくまでも集客とセリングの手段

セットは
いかがですか?

●顧客の希望しないものまで売り込まない

IT は集客と
セリングを
円滑にするもの

●目的と手段をはき違えないように

# 7-07

# 営業は政治家の選挙運動と同じ

## 顔と名前を覚えてもらう

### ▼顧客を覚えるのではなく顧客に覚えてもらう

ＩＴを活用して、顧客のスマホの中に入り込めといいました。これは突き詰めてみれば、常に営業マンである「私を覚えておいてください」という行動です。そしてなにかあったらまず自分に相談してくださいと暗に訴えているのです。こういう支持者を数多くもつといずれ好結果になります。逆に少ないといい結果にはなりません。さて、この話はなにかに似ていませんか。そう、政治家の選挙活動に近いのです。

選挙となるとポスターが張り出されますが、顔写真のないものはないでしょう。覚えてもらうためです。選挙カーで名前を連呼するのも同じです。顔と名前が一致しないと、人は投票してくれません。同じことが営業にもいえます。営業マンは人の名を覚えようとします。**しかし本質は逆です。営業マンを、顧客に覚えてもらうほうが重要です。**かつて生保営業の頃、ある営業マンが顧客に会いにいくと「Ｓ生命なら、花田さんに聞くわ」といわれ、その案件も私に回ってきました。ほかの人の活動にまで有利に働いた例です。

# 営業マンは顔と名前を覚えてもらえ

○山△男
○山△男です。
よろしく
お願いしま～す！

●営業マンは顧客に覚えてもらわなければならない

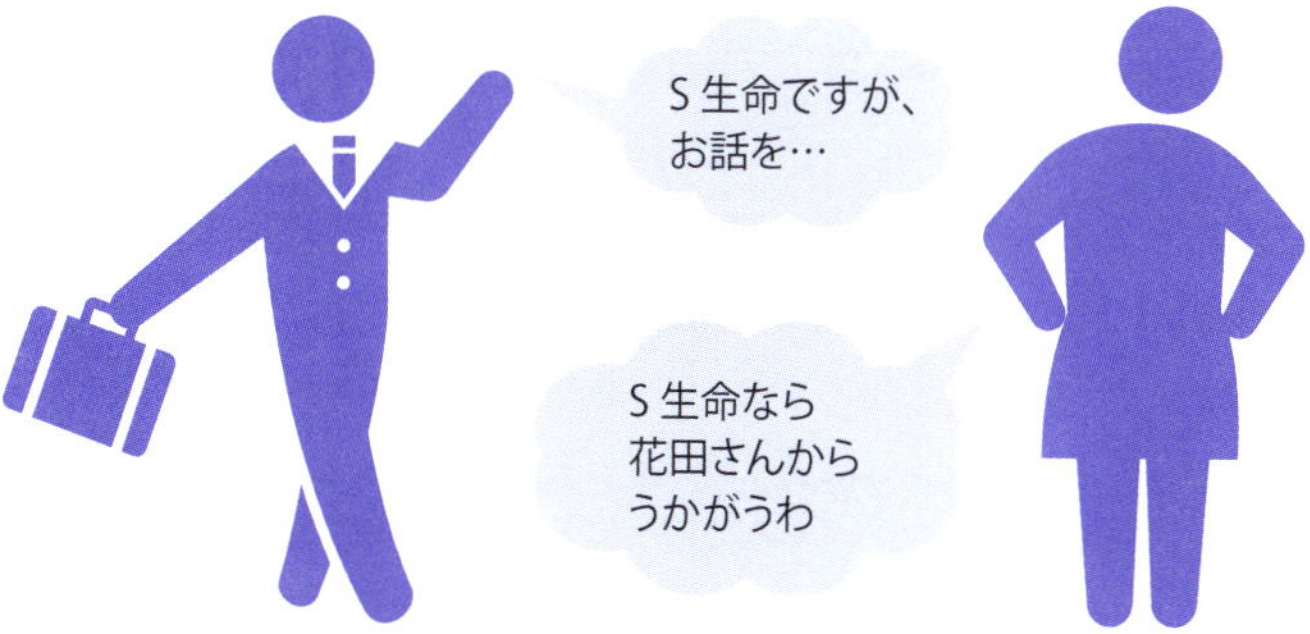
S 生命ですが、
お話を…
S 生命なら
花田さんから
うかがうわ

●顧客を覚えるより顧客に覚えてもらう

コラム

## ゴール寸前での諦めは禁物 「継続」は必ずよい結果を生む

トップ営業マンも普通の営業マンも知識はそれほど差がありません。しかし、普通の営業マンは知識を得て「やってはみたものの、途中でいやになった」と概ね挫折します。やらないよりはマシですが、途中で投げ出せば結果は出ません。特にもったいないのはうまくいっているのに、ゴール直前で努力をやめてしまうことです。できる人とそうでない人の差は、最後までやったかどうかの違いです。

たとえば私が「セミナー営業の手法」(第8章参照)を指導した営業マンがいました。研修終了後、3年間、月間1回はセミナーを開催すると誓って始めました。当初は知名度もなくご多分にもれず安定しません。参加者なしという憂き目にも遭いました。それでも諦めずに、彼は続けました。そして12回目のこと、それまでまったく反応のなかった経営者が参加してきたのです。テーマは「経営に役立つ戦略的保険活用法」。その経営者は、後に契約を申し出ました。なぜか。数回のセミナーでは信用しなかったが、1年も地道に続けているのを見て、相談してみる気になったそうです。もし11回目でやめていたら、この成果は現れなかったでしょう。

# 第 8 章

# 営業活動をマーケティングに進化させる

# 8-01

# できる営業マンはここがちがう

## 面談のきっかけ作りの差

### ▼IT活用とセミナー営業

1999年にイーエフピー（株）を創業した頃にコンサル会社と共同で行った「できる営業マン」と「できない営業マン」の違い（左ページ図）という調査があります。できるほうは週に5件のクロージング、できないほうは週に0・5件です。俗にトップ営業マンは「他の10倍売る」といいますが、まさにその通りの結果です。この違いをもたらす要因はどこにあると思いますか。セールスプロセス別の時間配分に注目しましょう。**できるほうが3時間で、できないほうが20時間と大きく差が出ているのは「面談のきっかけ作り」**でした。前者はITを活用して情報提供をしている情報提供型で、後者は古いドブ板営業、あるいは前者がアプローチに時間をかけておらず、後者は時間がかかっているともいえます。

営業結果の差を生むのは、気合いでも根性でもなく、「面談のきっかけ作り」、言い換えれば「見込み客作り」の上手さです。これを短時間で行なえるのがセミナーで「集客」する**「セミナー営業」という手法であり、もはやマーケティング**といえます。

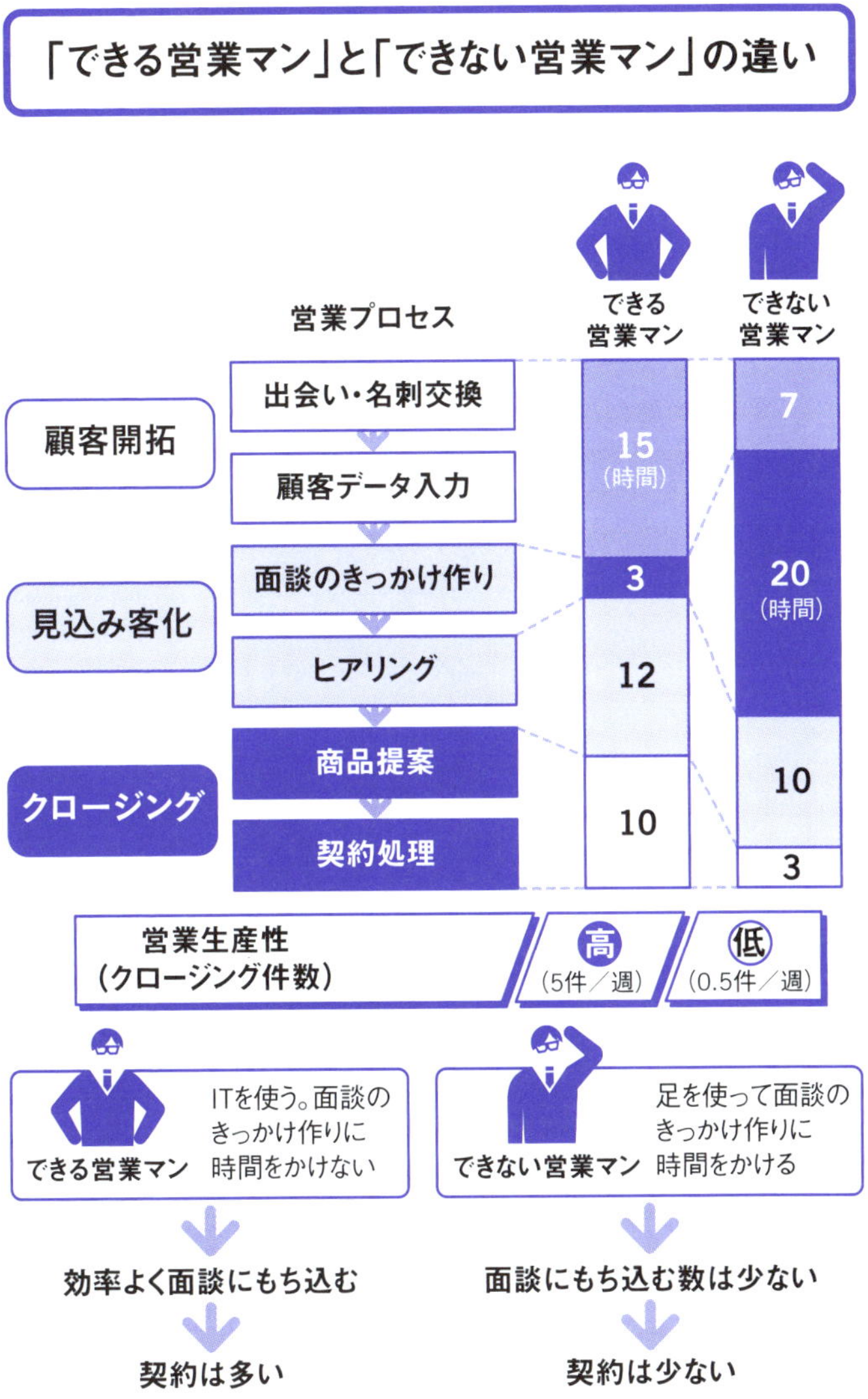

「できる営業マン」と「できない営業マン」の違い
営業プロセス
できる営業マン
できない営業マン
顧客開拓
出会い・名刺交換
顧客データ入力
見込み客化
面談のきっかけ作り
ヒアリング
クロージング
商品提案
契約処理
15（時間）
3
12
10
7
20（時間）
10
3
営業生産性（クロージング件数）
高（5件／週）
低（0.5件／週）
できる営業マン
ITを使う。面談のきっかけ作りに時間をかけない
効率よく面談にもち込む
契約は多い

できない営業マン
足を使って面談のきっかけ作りに時間をかける
面談にもち込む数は少ない
契約は少ない

# 8-02 プラットフォームセリングを目指せ

## 見込み客を一堂に

### ▼素人受けする話をする

セミナー営業というのは私の造語です。アメリカでも似たような手法があって、いま**プラットフォームセリング**と呼ばれています。**ほしい情報を求めて顧客が会場（プラットフォーム）にきて説明を受けて購入する**ものです。見込み客が一堂に会するという点では同じです。3－07でふれましたが、セミナー講師を行なったのは偶然です。ところがこれが見込み客を増やしたのです。聴講された医院の奥さん、知り合いの経営者などへ波及しました。「いい保険の先生がいるのよ」と紹介されて契約が増えました。そして以前に自動車教習所時代にも、学校で相談会を開催したら顧客が増えたことを想起しました。当時スランプだった私は、「これだっ！」と思い、その後もセミナーを自主開催していったのです。

新人が講師なんてと思われるかもしれません。しかし当時私が話をしたのはメイン講師のおまけで「ご主人が海外に行かれるとき、保険はどこまで保証するか」というおもしろ話でした。それでも、一般の人は知らないということは多く、そういう話をすればいいのです。

## 見込み客が一堂に会する

●セミナー会場（プラットフォーム）に見込み客が集まる

●顧客の紹介の輪が広がる

**プラットフォームセリングを確立
すれば営業効率は大きくアップ！**

# 8-03

# 保険の販売手法を教える

## セールスプロセスの手法を伝授

### ▼新規顧客の開拓手法

コンサルタントに転じてからは、セミナー講師を育成するプログラムを開発して養成しています。そういう中のひとつに、会社の売上を上げる手法を教える「売上アップセミナー」があります。その研修を経た面々とチーム「売上アップ研究会」を主宰しています。そのメンバーは、**中小企業の営業部門に働きかけてセミナー**をします。

これまで解説してきた集客とセールスプロセスの手法を教えるのです。なかでも中小企業の場合は、営業力が弱く、新規顧客の開拓に苦労しています。そこで**保険営業で成績を上げたやり方を紹介するのです。**目に見えない商品を、もともと知らない人に売る手法ですから、形のある商品をもつ会社なら応用できます。顧客リストを作り情報を発信し見込み客を作りアプローチする。これだけでもやっていない会社は多く、それを教えて会社の実績が上がれば、保険営業マンが企業にこうけんすることになります。実は優秀な営業マンは同じことをやっています。

## セールスプロセス教育のすそ野を広げる

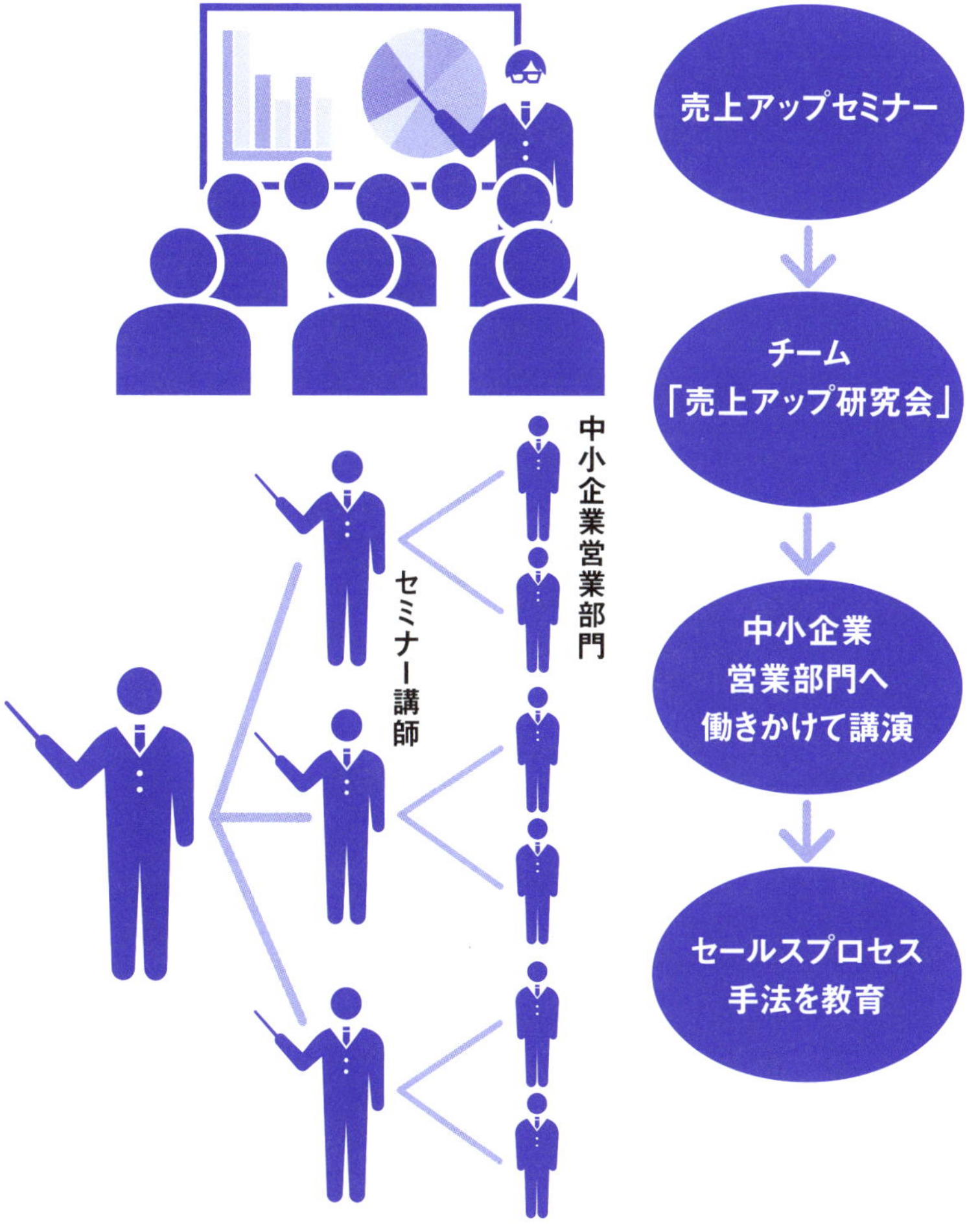
売上アップセミナー
チーム
「売上アップ研究会」
中小企業
営業部門へ
働きかけて講演
セールスプロセス
手法を教育
中小企業営業部門
セミナー講師

# 8-04

# やり続けることが成功につながる

## 一般的な周辺情報を提供する

### ▼同じ場所で、同じ日程で

セミナー営業は、集客とセールスプロセスを円滑にする、いわばマーケティング手法です。セミナー開催時点では、集客が目的です。ここで売り込んではいけません。**会社の勉強会に呼ばれて、その場で自社商品をすすめてしまったりすれば、失敗してしまうでしょう。**保険販売を例にするならその周辺情報です。若い人が対象なら、ライフプランのなかでマネープランをどう考えるか、そして保険はそのこととどう関わるかなどです。ここでは一般論でいいのです。そしてアンケートを取り、そこで相談したい人と、はじめて個別相談をするのです。住所やアドレスを入手できれば、新たに情報を発信します。

セミナー自体の目的は、対象にとって役に立つ有益な情報提供です。それを一堂に会した前で行なうということです。成功するためにはやり続けることです。できれば**同じ場所で、同じ日程**がいいです。私も最初の頃は、参加者が2名とか0名のときもありました。0名なら次回にむけてロールプレイングをすればいいのです。続けていると思わぬ案件が舞い込みます。

## 売り込まない。そして続ける

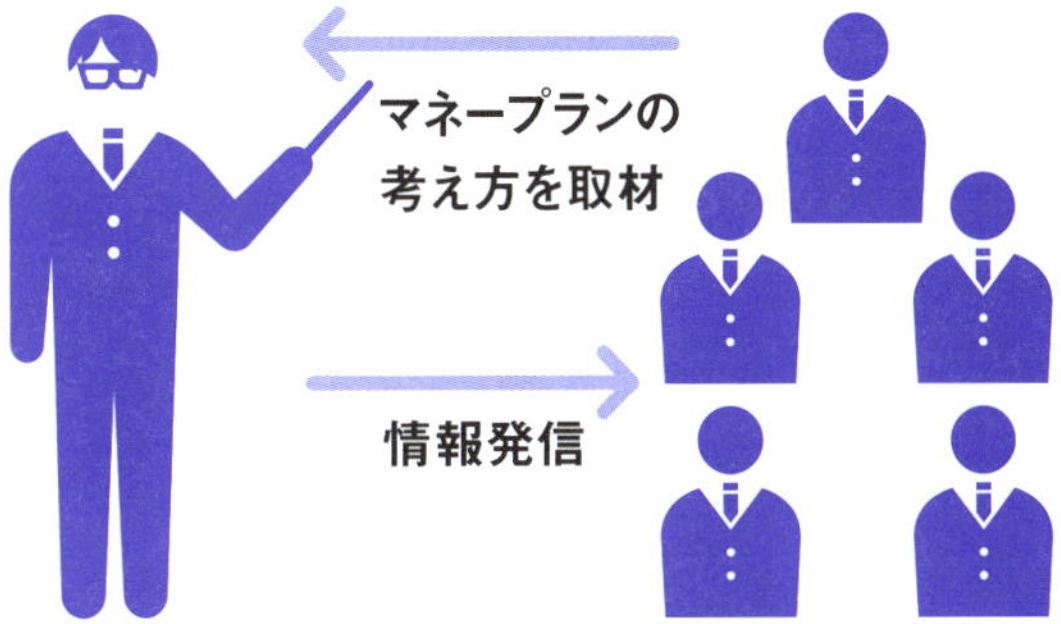


●セミナーは集客の手段。売り込まない

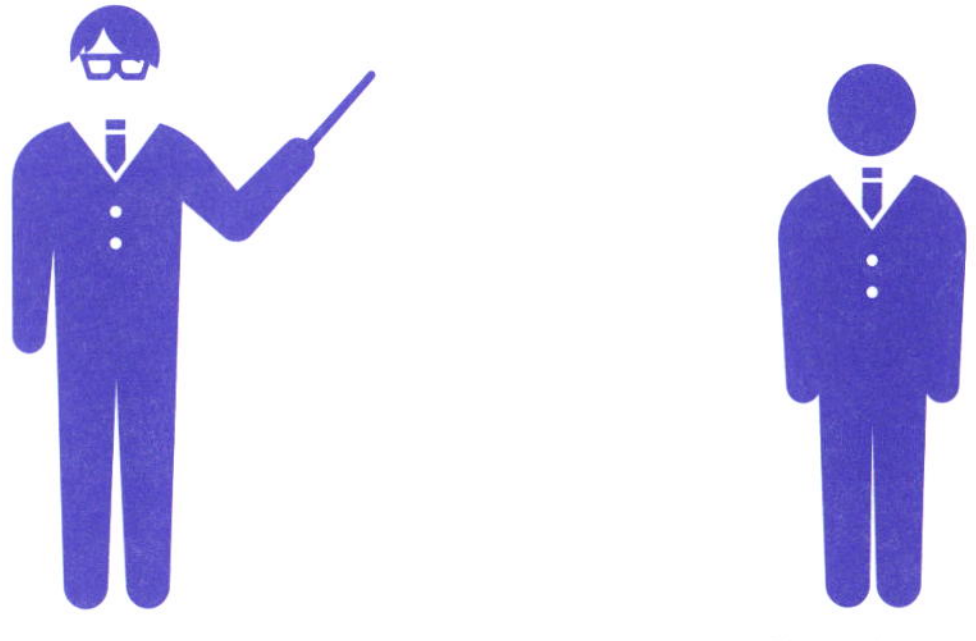

●1人でも2人でもやり続けることが力になる

同じ日程、同じ時間を繰り返す
ことで成果が生まれる

# 8-05

# タイトルには〝売り込み臭〟を出すな

## 売り込まれると思われないこと

### ▼営業は脇役に徹する

1回目でセミナー営業に成功した私は、同じ税理士事務所と2度目のセミナーを実施しました。1回目は助成金がメインテーマで、私の「保険の話」はおまけでした。しかし結果的におまけが好評だったので、2回目は保険を前面に打ち出し「知って得する保険のしくみ」として、税理士さんのほうは「保険を踏まえた相続税」の話にしたのです。ところが、結果は惨憺《さんたん》たるもので、参加者は2名しかきませんでした。そのうち1名は、保険の営業マンでした。敬遠されたのは、保険を前面に打ち出したからだと思います。

やはりテーマ自体では保険を出さずに、「事業承継と相続税」などとしておいて、話の中で活用できる方法として解説するほうが集客できます。なおコンサルティング業として支援してヒットしたセミナーの例では、女性向けの「マネーセミナー」があります。人生のマネープランをFP（フィナンシャルプランナー）が教えるとともに保険の話も絡めていくもので、大手新聞社とも提携して行なうまでになりました。

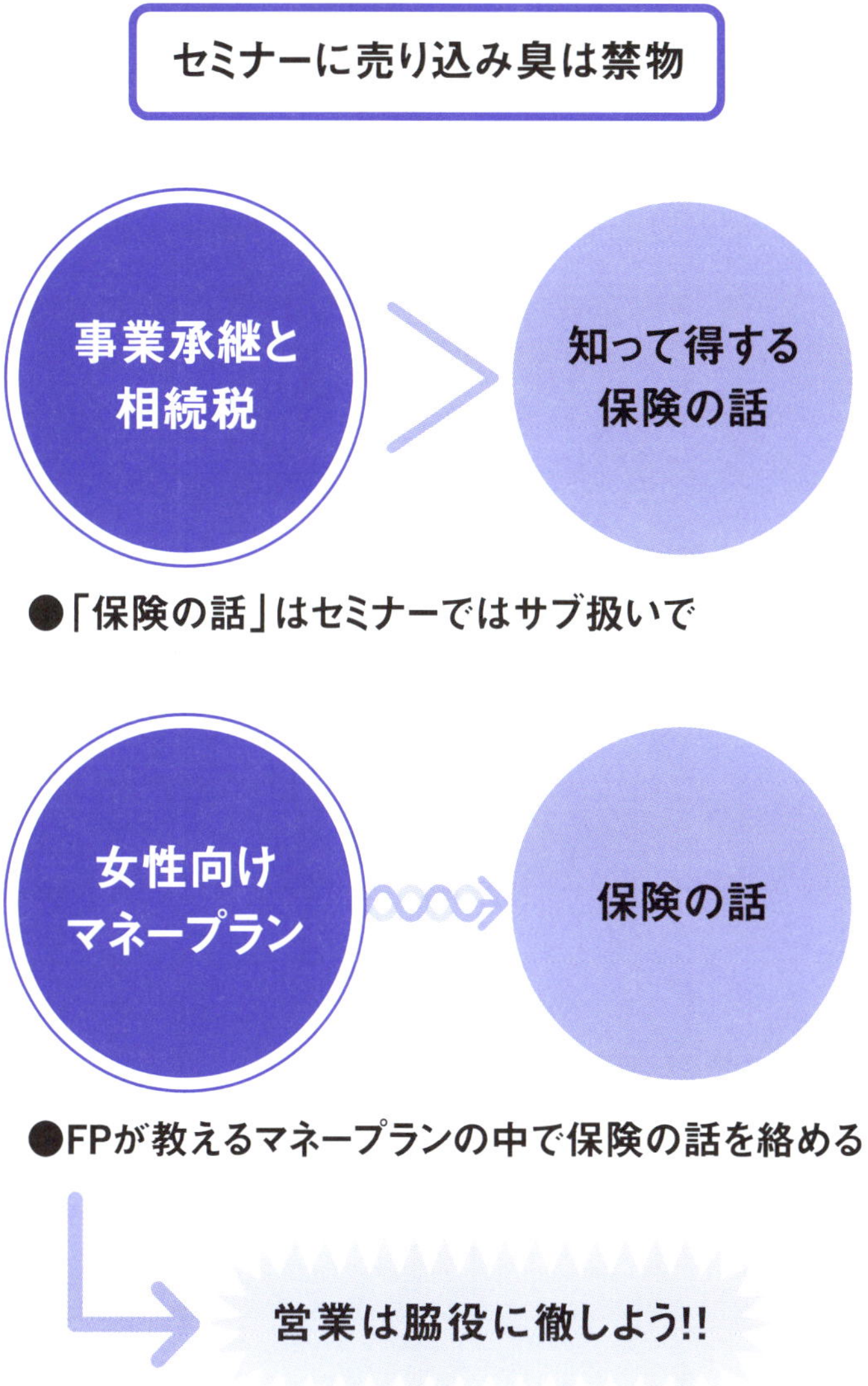
セミナーに売り込み臭は禁物
事業承継と
相続税
知って得する
保険の話
●「保険の話」はセミナーではサブ扱いで
女性向け
マネープラン
保険の話
●FPが教えるマネープランの中で保険の話を絡める
営業は脇役に徹しよう!!

# 8-06

# セミナーをステップアップさせる

## タイアップで集客増を

### ▼依頼されるようになるまで

セミナーはやり続けろといいましたが、単独でいつまでも開催し続けていくのは、いろんな意味で大変です。テーマにも集客にも限界があります。それを解決するのが、タイアップによる開催です。そうなれば、**自分の顧客だけでなく、組む相手の顧客も呼べるので集客力が増します**し、テーマも広げやすくなります。組む相手のテーマが「事業承継と相続税」なら、それに見合った話を用意するのです。初めて話す内容のときは、ロープレを行ない準備をして臨んでください。そして過去の実績は、エビデンスとして残します。具体的には、個人のホームページやフェイスブック等で、何月何日にどこと組んでセミナーを開催したという事実を写真とともにアップしておくのです。こうした活動を繰り返していくと、いずれ他の団体などから、講師を依頼されるようになります。**単独開催→タイアップ開催→依頼されてのセミナー**というステップを踏みます。依頼されてのセミナーができるようになれば、成功です。私の場合は、最後は大学に依頼されて、経済学部で講師を務めています。

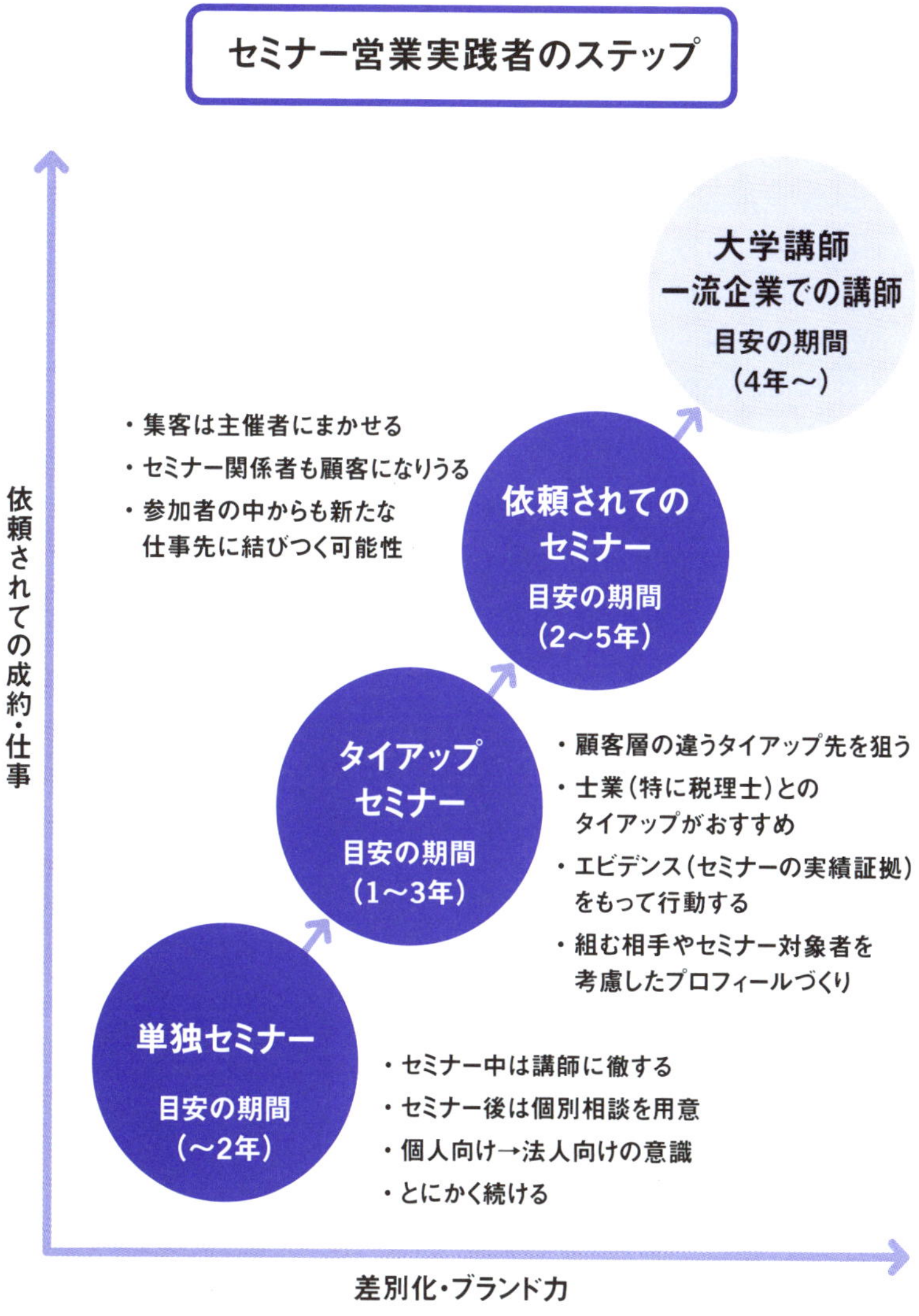
セミナー営業実践者のステップ
大学講師
一流企業での講師
目安の期間
(4年〜)
・集客は主催者にまかせる
・セミナー関係者も顧客になりうる
・参加者の中からも新たな仕事先に結びつく可能性
依頼されてのセミナー
目安の期間
(2〜5年)
タイアップセミナー
目安の期間
(1〜3年)
・顧客層の違うタイアップ先を狙う
・士業(特に税理士)とのタイアップがおすすめ
・エビデンス(セミナーの実績証拠)をもって行動する
・組む相手やセミナー対象者を考慮したプロフィールづくり
単独セミナー
目安の期間
(〜2年)
・セミナー中は講師に徹する
・セミナー後は個別相談を用意
・個人向け→法人向けの意識
・とにかく続ける
依頼されての成約・仕事
差別化・ブランド力

# 8-07

# タイアップ先を積極的に開拓する

## 活動実績のエビデンスを保存

### ▼実績がいつでも取り出せるようにする

依頼されるようになるには、セミナー講師としての名を売ることです。7-07で営業を選挙に例えましたがこれも同じです。セミナー講師であることが周囲に認知されるように工夫することが重要です。1回や2回の単独開催で有名になることはありません。繰り返しになりますが、続けることです。デビューしたての歌手が武道館でコンサートを開くことはないでしょう。小さいライブハウスなどで歌って徐々に認知される、それと同じです。そしてある程度実績を作ったら、**エビデンス（＝証拠、募集に使ったチラシ等、PCなどにデータ保存してもいい）をもってタイアップ先を開拓**するのもいいでしょう。これを営業中に行なうのです。私はある女性経営者に「女性向けマネーセミナー」のタイアップを提案したところ、「売上アップセミナー」のほうを要望されました。興味はマネーのほうではなく売上アップだったのです。ここで「売上アップセミナー」のエビデンスをもっていたことが生きたわけです。**このように過去の実績を見えるように示すことが重要です。**

## 実績がいつも見えるようにする

### 高校でも授業を行いました。【花田先生】

「企業家精神」とのテーマで授業を行いました。

事前にいただいたアンケートを基に

・職業内容
・仕事をするうえで苦労すること、大変なこと
・必要な適性
・1日のタイムスケジュール
・仕事をするにあたり意識していること
・仕事は昔理想としていたことと比べてどうか
・休日の過ごし方

などについて講義させて頂きました。

(学生の感想)

先輩の話はとても面白く、笑う場面もあれば、私たちが今後活かせそうなことも沢山話していただき、勉強になりました。私にはまだ将来就きたい職業がはっきりとしたものがありません。でも回りには具体的な夢を持っている友達も沢山いて、自分はこのままでも大丈夫なのかと思う時もありますが、先輩の言葉を聞いて、今は目の前にあるすべきこと、与えられたことを1つずつ確実にこなしていくようにしようと思います。でも、それをする上で、「自分でやる!」という精神も心に片隅にと

# 8-08

# 依頼される連鎖反応が起きる

## 知名度を上げていくと

### ▼面談のきっかけ作りが楽になる

セミナー講師として認知度が上がると、他の団体が主催するセミナーや企業研修の講師として依頼されるようになります。この場合は、集客は主催者側が行なってくれます。かつて大手証券会社主催のセミナーで掛布雅之さん（当時プロ野球解説者、２０１６年より阪神タイガース２軍監督）とコラボレーションをしたことがあります。共通する大きなテーマはマネープランで、掛布さんは野球人生で学んだことを話しながら、最後にホームラン賞などで獲得したお金をどうしたかを話し、私は、証券や保険を絡めたマネーの話をしました。セミナーを続けたことで、有名人と並んでセンセイと呼ばれるまでになったのです。聴講者は、数百名に変わりステップアップしたわけです。なお依頼されてのセミナーでは、依頼主の意向もあって、聴講者との個別面談は無理かもしれませんが、副次的効果は抜群です。聴講者の中から、わが社でもセミナーをしてほしいという依頼がくるなど連鎖反応で見込み客が自然に増えていきます。8-01の「面談のきっかけ作り」に不足しなくなるのです。

## 他の主催者から依頼されると集客がラク

こっちでもセミナーを
センセイ!
お願いします
うちでもやってくれ

●認知度が上がるとともに引き合いも増える

セミナーを
続ける
認知度が
上がる
他のセミナーや
企業研修に
依頼される

●「面談のきっかけ作り」に不足しなくなる

# 8-09

# セミナー後のフォローを怠らない

## 信頼感を高めているタイミングで

### ▼講師から営業マンに戻って

セミナーを開催するようになり、顧客も「いい話が聞けた」と満足させることができたとしましょう。しかしここで終わってはいけません。この段階はセールスプロセスでいうアプローチまでです。顧客は話を聞いた直後が最も商品に対する関心を高めています。センセイから話を聞いて信頼感も高めています。なおセンセイなどと言われるのは気恥ずかしいと、遠慮しないでください。ここはセンセイで通すほうが効果的なのです。

**相手が信頼感を高めている、このタイミングが重要**です。基本的にはアンケートと個別相談申込書を用意して、セミナー終了後に書いてもらいます。この情報が見込み客のデータになり後に商談になります。さらに早いやり方としては、会場とは別の部屋に個別相談用のブースを設けておいて相談を受け付けます。こうしてセミナー↓個別相談↓クロージングへと展開するのです。個別相談になったら、セミナー講師ではなく、営業マンに戻ります。セミナーの目的は、商談をして素早くクロージングへもっていくことです。

## 関心が高まっているタイミングで見込み客確保

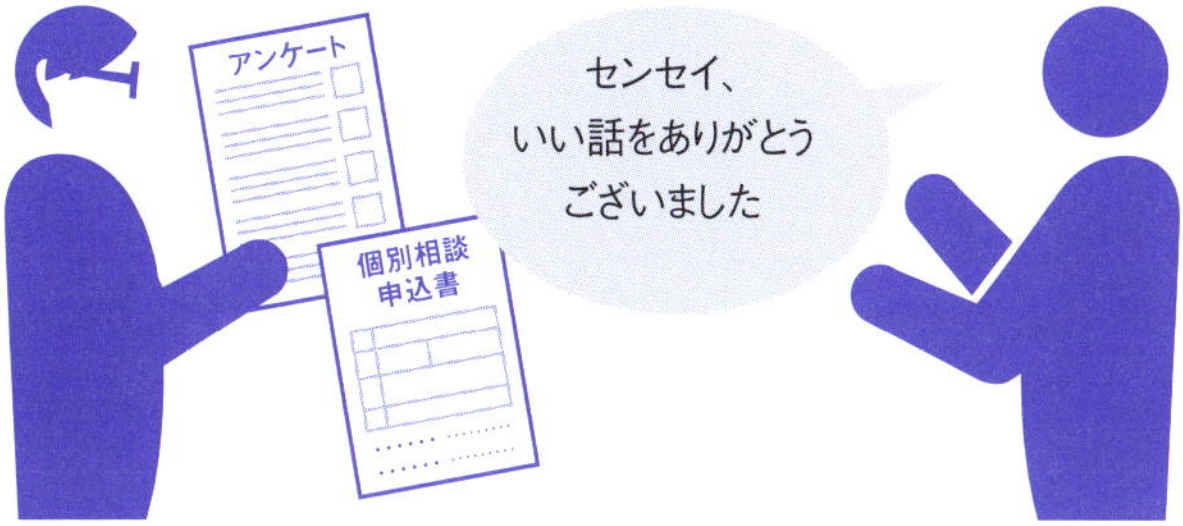
アンケート
個別相談
申込書
センセイ、
いい話をありがとう
ございました

●セミナー直後にアンケート、相談申込書を書いてもらう

●営業マンに戻って個別相談を受けることも

**セミナーの目的は商談を素早く**
**クロージングにつなげること**

# 8-10

# 営業マンは教える人であれ

## 商品のメリットを教え、ニーズを喚起する

### ▼優秀な営業マンであることとは

集客とセリングを一時に行なういわばプラットフォームセリングがセミナー営業であることがおわかりいただけたかと思います。単独開催から始めて依頼されるようになれば、完成形といっていいでしょう。私は6年前から大学の経済学部で営業の講義をもっていますが、これもある意味では依頼されたセミナーです。

1-01で営業はもの売りではないと言いました。では営業とはなにか。私はこういっています。**「営業マンとは、売る人ではなく教える人である」**。集客をしてセミナー形式で、あなたの商品にかかわる周辺情報を解説して、商品のメリットを伝え、潜在ニーズを喚起していけば、結果的には契約する人が出てきます。いままで契約していなかったのは、その商品から享受できるメリットを顧客が知らなかったからです。したがって、あなたが教えたから契約したのですから、ポイントは教えたことにあるといえます。「覚えるより、覚えてもらう」、**「売るよりも、教える」**ことが、優秀な営業マンになるための条件です。

## 営業マンとは教える人のこと

営業マンとは売る人ではなく
教える人である
→ 覚えるより、覚えてもらう

商品のメリットを教え
潜在ニーズを喚起する
→ 売るよりも、教える

●セミナー形式＋周辺情報＋ニーズ喚起→契約

# おわりに

営業はスポーツの世界に近いといわれています。やり方を知ることはできても、実際にはできない人が多いからです。野球で例えれば、あの人だから、あんなにヒットが打てる、「あの人は特別だから」というわけです。もちろんそういう部分はあるにせよ、ちょっとまってほしいのは、スポーツと違って営業の場合は、その多くが基礎を学ばないまま行っなている点があるのではないでしょうか。野球でもサッカーでも子供のころから基礎を習い上達していくものです。ところが、営業は、会社に入るまで、何も学ばないまま、よーいドンで始まり、見よう見まねで習得するのが大半です。そのやり方も業種業態によって違い、基本を知る前に、合う合わない、といったことで挫折してしまいます。

何事もそうですが、基本は重要です。基本があって初めて応用が利きますし、その人なりのスタイルも生まれてきます。営業も同じです。私もご多分に漏れず、飛び込み営業から始め、多くの失敗をして今日に至ったわけです。最初は地方の商社で一人での部署で、基礎もないまま営業に出て行きました。もし当時、営業の基本を学べる機会があれば、もっとスムーズに営業活動に入っていけたのではないかと思います。

商社の営業から生保の営業に転じて、「セールスプロセス」の重要性に気づき、磨きをかけていきました。さらに集客の重要性を認識して集客法も開発しました。生保の業界では、できるといわれる営業マンの5倍を売上げ、コンサルタントに転じてから、その手法を教えた社員たちも通常の3倍の売上を記録しています。営業は属人性が強く、あの人だからできるのではなく、基本をマスターすれば誰でも上達するし、成果を上げることができるのです。このことから、その後は「教える」という活動にも注力するようになりました。2010年からは大学で講座を持ち、14年からは社団法人「営業人材教育協会」を立ち上げて、広く営業に係る方々に、教える活動もしています。なお、本文の参考文献として営業人材教育協会の公式テキストを一部、活用したことをお断りしておきます。知るだけでなく、理解して実践できることが、営業で成果を上げるポイントです。本書が、これから営業を実践する方々の、スキルアップの一助になれば幸いです。

2016年3月　花田　敬

# 索引

【さ】

●監修
花田敬（ハナダ・タカシ）
1960年大分県生まれ。保険営業の第一人者。1999年、イーエフピー株式会社を設立、代表取締役就任。中立な立場から営業コンサルティングを実施。2010年、関東学園大学非常勤講師。専門「営業手法実践」。
www.e-hanada.com

●著者
チーム★売上アップ研究会
マーケティング＋セールスプロセスのスキルを有する保険営業マンの集団。全国で経営者向けオープンセミナー、企業内セミナーを実施。営業力の強化のための実践的な方法を広く提供している。
http://www.t-salesup.com/

# 図解＆事例で学ぶ
# 「売れる」営業の教科書

2016年3月25日　初版第1刷発行
2018年11月30日　初版第2刷発行

監　修　花田敬
著　者　チーム★売上アップ研究会
発行者　滝口直樹
発行所　株式会社マイナビ出版
〒101-0003 東京都千代田区一ツ橋2-6-3 一ツ橋ビル2F
TEL 0480-38-6872（注文専用ダイヤル）
TEL 03-3556-2731（販売部）
TEL 03-3556-2735（編集部）
Email：pc-books@mynavi.jp
URL：http://book.mynavi.jp

装丁　ISSHIKI
本文デザイン＆DTP　ISSHIKI　株式会社フレア
印刷・製本　図書印刷株式会社

●定価はカバーに記載してあります。
●乱丁·落丁についてのお問い合わせは、注文専用ダイヤル（0480-38-6872）、電子メール（sas@mynavi.jp）までお願い致します。

ISBN978-4-8399-5760-5
Printed in Japan